신흥교역국의 통관환경 연구

페 루

한국조세재정연구원

2014년 11월 15일 1판 1쇄 인쇄
2014년 11월 15일 1판 1쇄 발행

지 은 이　세법연구센터 / 한국조세재정연구원
발 행 인　이헌숙
표　　지　김학용
발 행 처　생각쉼표 & 주)휴먼컬처아리랑
　　　　　서울특별시 영등포구 여의도동 45-13 코오롱포레스텔 309
전　　화　070) 8866 - 2220 FAX • 02) 784-4111
등 록 번 호　제 2009 - 000008호
등 록 일 자　2009년 12월 29일

www.휴먼컬처아리랑.kr
ISBN 979-11-5565-091-2

신흥교역국의 통관환경 연구

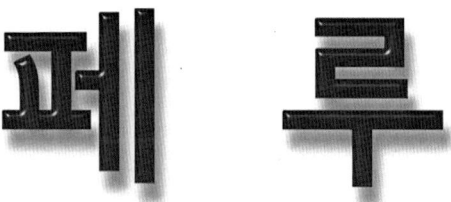
페 루

한국조세재정연구원

※ 본 보고서는 페루 관세제도의 대부분을 담기 위해서 노력하였으나 지면의 부족 및 시간상의 제약으로 인해 부족한 부분이 있다.

또한 가급적 최신의 내용을 수록하기 위하여 노력하였지만, 사회·경제 상황에 따라 세제의 변화가 빈번하여, 가장 최신의 내용을 본 보고서에 반영하는 데에는 한계가 있었다.

따라서 본 보고서는 페루의 관세에 대한 최소한의 길라잡이임을 밝히며, 보다 정확하고 구체적인 사항은 페루 SUNAT와 재경부의 출판물 및 홈페이지와 관련 법령을 참조할 것을 권장한다. 특히 민감한 사안에 대하여는 반드시 관련 법령을 통해 확인할 필요가 있으며, 불명확한 부분에 대해서는 관련 관세전문가의 도움을 받을 것을 강조하고자 한다.

본 보고서의 내용은 저자들의 개인적인 의견이며, 한국조세연구원의 공식적인 견해와 무관함을 밝혀둔다.

목 차

Ⅰ. 개 관 · 9
  1. 일반 개황 · 9
  2. 경제 개황 · 11
    가. 페루의 주요 경제지표 · 11
    나. 페루의 수출입 동향 · 13
    다. 페루의 외국인 투자 동향 · 16
  3. 우리나라와 페루의 교역관계 · 19
  4. 페루의 자유무역협정(FTA, Free Trade Agreement) 현황 · · · · · · · · · · · · · · · · · · · 21
    가. 한·페루 자유무역협정 추진 현황 · 21
    나. 페루의 자유무역협정 · 24
  5. 페루의 AEO 제도 · 26
  6. 페루의 자유무역지대 · 27

Ⅱ. 외국의 통상환경 보고서 · 30
  1. World Bank의 「Doing Business」 2013 · 30
  2. 미국 국별 무역장벽 보고서(National Trade Estimate Report on Foreign Trade Barriers: NTE 보고서) · 33
    가. 수입 정책(Import policies) · 34
    나. 정부 조달(Government Procurement) · 35
    다. 지식재산권 보호(Intellectual Property Rights Protection) · · · · · · · · · · · · · · · · · · 35
    라. 서비스 및 투자 장벽 · 36

Ⅲ. 페루의 통관환경 · 38
1. 통관 행정 개요 · 38
  가. 통관 행정 조직 · 38
  나. 페루 통관환경 개관 · 44
  다. 수출입품에 부과되는 세금 · 52
  라. 과세가격 결정과 세액 산정 · 55
  마. 관세 환급(RESTITUCION DE DERECHOS ARANCELARIOS) 제도 · 56
  바. 표준 및 인증 · 57
  사. 세관의 보충적 제도 · 59
2. 페루의 통관 절차 · 60
  가. 수입 통관 절차 · 60
  나. 통관 관련 법규 위반 시 제재 등 · 66

Ⅳ. 통관 절차별 고려 사항 · 67
1. 수입 신고 전 준비 · 68
  가. 통관 절차상 특이사항 · 68
  나. 애로 사례 · 70
  다. 업무상 유의점 · 70
2. 수입 신고 및 세금 납부 · 74
  가. 통관 절차상 특이사항 · 74
  나. 애로 사례 및 업무상 유의점 · 75
3. 물품 심사 · 77
  가. 통관 절차상 특이사항 · 77
  나. 애로 사례 · 79
  다. 업무상 유의점 · 79
4. 물품 반출 및 환급 · 80
  가. 통관 절차상 특이사항 · 80
  나. 애로 사례 및 업무상 유의점 · 82

참고문헌··· 83

부 록·· 85
  부록 Ⅰ. 비즈니스 팁·· 85
  부록 Ⅱ. 주요 유관 기관 정보·· 96
  부록 Ⅲ. 페루 관세법·· 99
  부록 Ⅳ. 페루 행정부처 조직도··· 206
  부록 Ⅴ. 수출입 필요 서류 양식··· 207
  부록 Ⅵ. CALLAO 항구·· 209

표목차

〈표 Ⅰ-1〉 페루의 주요 경제 지표 ··· 13
〈표 Ⅰ-2〉 페루의 교역량 및 무역수지 ·· 13
〈표 Ⅰ-3〉 2011년 페루의 주요 수출입 품목 ································ 14
〈표 Ⅰ-4〉 2011년 페루의 국별 수출입 현황 ································ 15
〈표 Ⅰ-5〉 페루의 외국인 투자 현황 ··· 17
〈표 Ⅰ-6〉 對페루 산업별 외국인 투자액 ······································ 17
〈표 Ⅰ-7〉 최근 우리나라의 對페루 투자 현황 ···························· 18
〈표 Ⅰ-8〉 우리나라의 對페루 업종별 투자 현황 ························ 18
〈표 Ⅰ-9〉 최근 對페루 교역량 및 무역수지 ································ 19
〈표 Ⅰ-10〉 최근 對페루 10대 수출 품목 ······································ 20
〈표 Ⅰ-11〉 최근 對페루 10대 수입 품목 ······································ 20
〈표 Ⅰ-12〉 한·페루 FTA 주요 추진 경과 ·································· 22
〈표 Ⅰ-13〉 한·페루 FTA 상품 양허 수준 ·································· 23
〈표 Ⅰ-14〉 페루의 자유무역협정 현황 ··· 25

〈표 Ⅱ-1〉「Doing Business 2013」페루의 무역 분야 순위 비교 ············ 31
〈표 Ⅱ-2〉 페루 수출입 소요 기간 및 비용 ·································· 32
〈표 Ⅱ-3〉 페루의 수출입 시 필요 서류 ······································· 32

〈표 Ⅲ-1〉 페루 관세 기초 법령 ·· 41
〈표 Ⅲ-2〉 수입 제한품목의 사전 허가 승인기관 ························ 48
〈표 Ⅲ-3〉 지불 분할 및 이연 가능 기한 ····································· 51
〈표 Ⅲ-4〉 페루 관세구조 ··· 53
〈표 Ⅲ-5〉 품목별 특별소비세율 ·· 54

〈표 Ⅲ-6〉 수입품 세액 산출 예시 ·· 55
〈표 Ⅲ-7〉 능동적 완성 제품에 대한 임시 반입제도 ···························· 59
〈표 Ⅳ-1〉 페루 통관 절차별 유의 사항·· 67
〈표 Ⅳ-2〉 한·페루 FTA협정에 따른 원산지 증명서 양식 ···················· 73
〈표 Ⅳ-3〉 페루 Ilo항의 하역 서비스별 부과 요금······························ 77

그림목차

[그림 Ⅲ-1] 페루 SUNAT 조직도···42
[그림 Ⅲ-2] 페루 SUNAT 홈페이지···43
[그림 Ⅲ-3] 페루 Teledespacho Web ···47
[그림 Ⅲ-4] SIGAD을 통한 선하증권 정보 확인···61
[그림 Ⅲ-5] 페루의 수입통관 절차···65

[그림 Ⅳ-1] 세금납부 현황 조회처···76
[그림 Ⅳ-2] 수입신고 정보 입력란 샘플···80

Ⅰ. 개 관

1. 일반 개황

□ 국가 정식 명칭은 페루공화국(República de Peru)이며, 남미 태평양 연안에 위치하고, 북쪽에는 에콰도르와 콜롬비아, 동쪽에는 브라질, 남동쪽에는 볼리비아, 남쪽으로는 칠레와 국경을 접하고 있음
  ○ 행정구역은 25개의 주(regiones)와 리마(Lima)특별시(Provincia)로 구성되어 있음

□ 국토면적은 1,280,000㎢로 한반도의 6배이며, 위도상으로 열대와 아열대권으로 구분되며, 해안지대는 온난다습, 산악지대는 열대성 기후를 보임
  ○ 해안지대 10%, 안데스산맥 산악지대 27%, 아마존 등 정글지대 63%가 분포함
  ○ 리마(Lima)지역 연평균 기온은 섭씨 22도로 하계 최고 30℃, 동계 최저 11℃임
  ○ 동계(6~11월)에는 짙은 안개층에 뒤덮여 햇빛을 볼 수 없으며, 습도가 높음

□ 페루의 총인구는 2011년 인구 기준 약 2,924만명으로, 인디오(45%), 메스티소(37%), 백인(15%), 흑인 및 동양인(3%)의 인종구성을 보임
  ○ 80% 이상이 원주민으로 구성되어 있으나, 백인이 15%, 중국계 약 1백만명, 일본계 약 10만명 등 아시아계가 약 4~5%라는 통계가 있음

□ 현재 페루의 수도는 리마(Lima)로, 페루 전체 인구의 약 3분의 1 수준인 약 850만명이 거주하고 있음
  ○ 그 외 주요도시로 아레끼빠시(Arequipa), 뜨루히요시(Trujillo), 이끼또스시(Iquitos), 꾸스꼬시(Cusco) 등이 있음

□ 페루의 정치 체제는 대통령중심제(공화제)이며, 행정부는 대통령과 내각으로 구성됨
    ○ 내각은 대통령이 임명하는 17명의 각료와 총리로 구성됨

□ 페루의 공식 사용 언어는 스페인어와 께추아(Quechua)어임
    ○ 께추아어는 잉카문명의 언어로 1975년에 국가 공식 언어로 추가됨
    ○ 스페인어와 케추아어를 주로 사용하지만, 일부 지역에서는 아이마라(Aymara)어 및 아샤닌까(Ashaninka)어 등 원주민 언어도 일부 사용함

□ 종교는 가톨릭(81.3%) 및 개신교(12.5%)가 전체 종교의 90% 이상을 차지함
    ○ 1544년 스페인은 페루에 부왕청(Viceroy)을 설치하여 식민통치를 개시했으며 약 300년간 식민통치를 받다가 1824년 독립함
    ○ 스페인 식민지 이후 잉카 제국의 독자적인 종교체계가 무너지면서 가톨릭교가 급속히 확산됨

□ 페루의 화폐단위는 누에보솔(PEN, Peruvian Nuevo Sol)로, 1달러당 2.667PEN임[1]
    ○ 페루의 화폐단위인 누에보솔(Nuevo Sol)은 통상 '솔(Sol)'이라고 표현함
    ○ 페루 누에보솔은 달러가 강세를 보였던 작년 8월 이후 신흥국 화폐 중 최고 절상률(달러 대비 2.03%)을 기록 중임

□ 페루는 고성장하는 신흥국이자, 은, 구리, 주석, 아연 등의 세계 3대 자원보유국으로 세계에서 가장 빠르게 경기회복 기대감을 반영하는 국가임
    ○ 페루는 올해와 내년 남미 국가 중 국내총생산(GDP) 증가율에서 최고 수준으로 2010년에 8.8%, 2011년에 6.8%의 경제성장률을 보이는 등 남미에서도 높은 성장세를 지속하고 있음

□ 자유무역정책을 기본으로 한 정부의 적극적인 외국인 투자 유치로 2011년 외국인 직접 투자(FDI) 금액은 77억달러로 사상 최대치를 기록함

---

[1] PEN은 페루 누에보솔의 화폐 코드이며, 환율은 2012년 5월 16일 기준

○ 특히 건설업과 광업 부문에 대한 투자가 활발할 것으로 예상됨

□ 페루는 WTO를 비롯해 개방주의와 자유주의를 기반으로, 세계 공동 대응 및 대외 협력적 관계 구축에도 노력을 기울이고 있음
  ○ IMF, APEC, IBRD, IFC, UNCTAD, WHO, WTO 등의 국제기구에 가입함

2. 경제 개황

가. 페루의 주요 경제지표

□ 페루는 현재 시장 개방 및 자유경쟁을 통한 시장경제 원칙을 경제정책의 기조로 삼아 국가 경제성장 정책을 추진하고 있음
  ○ 기간 산업 확충, 언론을 제외한 모든 산업 분야 개방, 외환 및 수입 자유화, 국영기업의 민영화, 국제 신용도 회복, 외국자본 유치 등을 정책의 기초로 함

□ 페루 경제는 2000년 이후 적극적인 외국인 투자유치로 인해 2010년도 8.8%, 2011년도 6.8%의 높은 성장률을 시현함
  ○ 중남미 지역 평균 경제성장률은 4.1%, 페루는 6.8%임
  ○ 페루 경제는 에너지 및 광업 분야를 중심으로 성장했으며, 광물 등 원자재가격 상승으로 인한 경제호조가 지속될 전망임

□ 2011년 경제성장률은 6.8%로 전년 대비 2% 감소하였으나, 이는 물가안정을 위한 금리 인상, 공공지출 감축이 요인으로 향후 성장세에 장애가 되지 않을 것이라고 평가됨[2]
  ○ 2011년 경제성장률은 2010년보다 다소 낮으나 2011년 광업세(Mining tax) 증세로 소폭의 재정흑자가 전망됨

---

[2] 페루 재경부 관보 308-2011

○ 향후 광업, 인프라 사업, 소매업, 석유 개발 등에 대한 민간투자 등으로 꾸준한 성장이 예상됨

□ 2010년 GDP의 0.6%였던 비금융 공공부문(NFPS) 적자는 정부가 시행한 재정 통합으로 2011년에 0.4%로 소폭 좁혀질 전망임
  ○ 경제관련 관계자들은 공공재정을 단기간이라도 구조적 균형회계 규칙에 맞춰 (±GDP 1%) 유지하길 기대하고 있으며, 공공부문 적자는 2006~2010년의 평균 GDP 29.4%에서 2012~2015년엔 평균 GDP 28.8%로 낮아질 것으로 전망됨[3]

□ 페루의 인프라 발전을 위한 공공사업에 대한 지출은 2012~2015년 동안 평균 GDP의 5.5% 수준으로 집행될 것이라고 발표함[4]
  ○ 페루는 공공 인프라가 열악한 편으로, 지출의 재원은 내부 및 외부 대출로 충당할 계획임
  ○ 공공채무의 GDP 비율은 2010년 GDP 23.9%로 역사상 낮은 수준을 기록하였으며, 세계 시장 분위기가 급격히 하락한다 하더라도 공공부문의 강한 신용등급과 충분한 내부 유동성으로 크게 문제될 것은 없다고 평가됨

---

3) 페루 중앙은행
4) 정부 정책의 수립, 평가 및 전망은 페루 신정부 경제정책방향 전망 및 분석에서 발췌

<표 Ⅰ-1> 페루의 주요 경제 지표

구분	2008년	2009년	2010년	2011년
경상 GDP(10억달러)	128	127	154	168
1인당 GDP(달러)	3,918	3,990	4,365	5,224
경제성장률(%)	9.8	0.9	8.8	6.8
물가상승률(%)	5.8	2.9	1.5	3.1
실업률(%)	8.1	8.9	6.6	7.3*
대미달러환율	2.92	3.01	2.83	2.77
수출(억달러)	310.2	269.6	355.7	442.9
수입(억달러)	284.5	210.1	288.2	364.7
무역수지(억달러)	25.7	59.5	67.50	78.2
외환보유(억달러)	278.8	295.9	342.5	377.3

주: *는 추정치
자료: 페루 재정경제부, 페루 중앙은행(BCRP), 수출입은행 해외경제연구소 2011

나. 페루의 수출입 동향

□ 2011년 페루의 무역수지는 수출·수입 분야 모두에서 30% 이상의 증가세를 보이며, 약 80억달러의 무역흑자를 기록함
  ○ 글로벌 경제위기 여파로 2009년 페루의 수출, 수입은 각 13%, 26% 감소하였으나, 이후 2010년, 2011년 수출입이 모두 증가하여 무역수지 흑자를 기록함

<표 Ⅰ-2> 페루의 교역량 및 무역수지

(단위: 백만달러, %)

구분	2006년	2007년	2008년	2009년	2010년	2011년
총 교역량	38,674	47,684	59,467	47,971	64,379	83,234
수출 (전년 대비 증감률)	23,830 (10.58)	28,094 (17.89)	31,018 (10.41)	26,961 (-13.08)	35,564 (31.91)	46,268 (30.10)
수입 (전년 대비 증감률)	14,844 (28.75)	19,590 (31.97)	28,449 (45.22)	21,010 (-26.15)	28,815 (37.15)	36,966 (28.29)
무역수지	8,986	8,504	2,569	5,951	6,749	9,302

자료: 페루 통계청(INE)

□ 특히, 2010년에는 수출은 31.91%, 수입은 37.15%가 증가하였고, 무역수지 또한 2008년 이후 평균 40% 이상 꾸준히 증가하고 있음

□ 페루 통계청 및 재경부는 2012년 페루 수출액을 약 700억달러로 전망하고 있음
　○ 경제가 빠르게 성장함에 따라 수출 대비 수입이 크게 증가하여 무역수지의 증가폭은 크지 않음

〈표 I-3〉 2011년 페루의 주요 수출입 품목

(단위: 백만달러)

순위	수 출		수 입	
	품목	금액	품목	금액
1	구리	10,711	가연성 물질	5,640
2	금	10,030	제약	4,270
3	석유부산물	2,846	기계류	3,948
4	농수산물	2,829	광물가공품	3,715
5	납	2,424	산업용 식자재	1,957
6	텍스타일	1,985	수송용 롤링장치	1,935
7	어분	1,767	비식용 농산물 및 가축	1,934
8	화학제품(quimico)	1,645	장비류	1,575
9	커피	1,581	자동차	1,453
10	아연	1,522	업무 및 실험용 기계류	1,327
총계		46,268		36,966

자료: 페루 통계청(INE)

□ 2011년 페루의 주요 수출 품목은 구리, 금, 석유 부산물 등의 천연자원이며, 전체 수출량의 50%를 초과함
　○ 2011년 구리의 수출금액은 107억달러이며, 금의 수출금액은 100억달러 이상으로 단일 2개 품목이 전체 수출액의 약 50%를 차지하는 편향된 구조를 보임

□ 2011년 페루의 주요 수입 품목은 가연성 물질, 제약, 기계류 등이며, 이는 페루의 산업설비 부족으로 자체적으로 생산하지 못하는 공산 혹은 가공의 형태를 띤 품목들임
　○ 페루는 내수가 확대되면서 2007년 제조업생산이 GDP 성장률을 웃도는 9.4%를

기록하는 등 과거에 비해 제조업의 성장이 확대되고 있음

〈표 Ⅰ-4〉 2011년 페루의 국별 수출입 현황

(단위: 백만달러)

순위	수 출		수 입	
	국가명	금액	국가명	금액
1	중국	6,961	미국	7,351
2	스위스	5,938	중국	6,325
3	미국	5,829	브라질	2,430
4	캐나다	4,177	에콰도르	1,846
5	일본	2,175	아르헨티나	1,834
6	칠레	1,977	대한민국	1,491
7	독일	1,900	콜롬비아	1,459
8	대한민국	1,695	멕시코	1,378
9	스페인	1,669	칠레	1,336
10	이탈리아	1,297	일본	1,307
총계		46,268		36,966

자료: 관세 및 국세 감독위원회(SUNAT)

☐ 2011년 페루의 최대 수출 대상국은 중국으로 전체 수출액의 약 15%를 차지하고 있으며, 최대 수입 대상국은 미국으로 약 20%를 차지함
  ○ 페루의 주요 수출국은 미국 다음으로 스위스, 미국, 캐나다 등이 기록했으며, 주요 수입국은 중국, 브라질, 에콰도르 순으로 조사됨
  ○ 페루의 수출입에 있어 미국, 중국은 무역규모의 약 30%를 차지함

☐ 우리나라 역시 페루의 주요 교역국으로 수출은 8위, 수입은 6위를 기록함
  ○ 한·페루 FTA 이후 페루의 교역이 점차 증가하고 있으며, 2011년 금액 기준으로 우리나라와의 교역에 있어 페루는 수출액이 수입액을 초과하고 있음

☐ 최근 페루의 높은 수출 신장세는 총수출의 70%를 상회하는 광물, 농수산물 등 1차

산품의 교역 조건 개선에 따른 수출 증가에 기인함
- ○ 중국경제 성장 및 세계경제 호황에 따른 원자재 수요 붐에 힘입어 페루의 교역 조건은 중남미 국가 중에서도 가장 크게 개선되었음

다. 페루의 외국인 투자 동향

☐ 페루는 World Bank의「Doing Business」조사에서 총 183개국 중 기업하기 좋은 국가 순위 38위에 선정됨
- ○ 종합 순위는 성장전망, 시장규모, 비즈니스 환경, 규제 안정, 법 안정성, 자산 가격을 판단 기준으로 함
- ○ Moody's[5]는 페루의 외국인 직접투자가 활발히 이어질 것으로 전망하였음
- ○ Pricewater 조사 결과 기업인들은 중남미에서 브라질 다음으로 페루를 가장 투자하기 좋은곳으로 평가하였음
  - 브라질-페루-콜롬비아-칠레-아르헨티나 순서임

☐ 페루는 경제성장과 안정을 동시에 추구하려는 정부의 노력, 투자 프로젝트 지원과 사회 불만세력과의 균형을 이루려는 의사가 페루의 직접 외국인 투자를 확대시키는 요인으로 지목되고 있음[6]

☐ 실제로 페루 정부는 기술이전, 고용 창출 등을 위해 제조업으로의 외국인 투자를 적극 장려하고 있으며 이에 따라 미국, 칠레 등의 제조업체들이 진출하는 양상을 보임
- ○ 그 결과, 낮은 수준이긴 하지만 의류직물, 플라스틱, 음료수, 식품, 금속공장, 가구 등 일부 제조업 분야에서 성장세를 시현함

☐ 對페루 외국인 직접투자는 2011년까지 누적기준 220억달러를 상회했으며, 주요 투자국은 스페인, 영국, 미국으로 전체 투자액의 57.4%를 차지하며, 주요 업종은 광업

---

5) 미국의 신용평가회사 무디스
6) 페투투자청(ProInversion) 투자진흥국장(Mr. Hector Rodriguez)

과 통신업으로 각각 총투자금액의 23.3%, 18.2%임

〈표 Ⅰ-5〉 페루의 외국인 투자 현황

(단위: 백만달러, %)

국가명	금액	비중	업종	금액	비중
스페인	4,405	21.2	광업	4,846	23.3
영국	4,372	21.0	통신	3,789	18.2
미국	3,167	15.2	금융	3,093	14.9
네덜란드	1,354	6.5	산업	3,060	14.7
칠레	1,323	6.4	에너지	2,788	13.4
브라질	1,014	4.9	상업	787	3.8
파나마	931	4.5	서비스	532	2.6
콜롬비아	891	4.3	주택	528	2.5
멕시코	465	2.2	석유	472	2.3
싱가포르	366	1.8	수송	317	1.5
총계	20,779	100	총계	20,779	100

자료: 페루 투자위원회(Proinversion)

〈표 Ⅰ-6〉 對페루 산업별 외국인 투자액

(단위: 백만달러)

순위	산업	2009	2010	2011	1980-2011 누계
1	통신	3,700	3,789	5,384	61,171
2	광업	4,120	5,022	4,056	47,479
3	제조업	3,736	3,892	3,789	43,066
4	상업	3,047	3,063	3,065	38,657
5	금융	2,620	2,885	2,894	30,721
6	에너지	756	787	787	11,140
7	서비스	527	536	559	5,702
8	석유	363	559	541	4,307
9	수송	308	317	332	2,895
10	건설	223	295	295	1,968

주: 2011.12.21 누계 기준
자료: 페루 투자위원회(Proinversion)

□ 우리나라의 對페루 투자 관심도도 한·페루 FTA 발효 이후 크게 늘어나고 있으며,

최근에는 사회간접자본(도로, 수처리 등) 위주로 더욱 많은 업체가 페루에 관심을 보이고 있음

☐ 2011년 우리나라의 對페루 총투자금액은 5천만달러이며, 신고건수는 27건임
  ○ 2008년 대비 2011년에 투자 신고건수는 증가했으나, 투자금액은 오히려 감소함

☐ 對페루 주요 투자 업종은 광업, 제조업으로 전체 투자금액의 반 이상을 차지함
  ○ 서비스업과 농림업 등의 투자도 이루어지나 주요 투자 분야는 광업, 제조업 등으로 한국기업의 전통적인 투자 업종으로 분석됨
  ○ 주목할 점은 과거 존재하지 않던 전기, 가스, 증기 및 수도 사업 등 인프라 분야에 대한 투자가 이루어지고 있다는 것임

〈표 Ⅰ-7〉 최근 우리나라의 對페루 투자 현황

(단위: 건, 개, 회, 천달러)

	신고건수	신규법인수	신고금액	송금횟수	투자금액
2008년	9	5	274,664	52	82,149
2009년	12	4	134,154	55	40,138
2010년	18	5	250,328	67	48,269
2011년	27	8	212,091	81	51,763

주: 법인은 현지 법인과 지점, 지사 포함
자료: 한국수출입은행 해외투자통계

〈표 Ⅰ-8〉 우리나라의 對페루 업종별 투자 현황

(단위: 천달러, 건)

2011 순위	투자 업종	2011년		2010년	
		신고금액	신고건수	신고금액	신고건수
1	광업	201,690	4	111,484	5
2	제조업	6,200	2	136,400	2
3	예술, 스포츠 및 여가 관련 서비스업	2,000	2	1,983	2
4	농업, 임업 및 어업	825	8	131	3
5	도매 및 소매업	664	4	160	2
6	전기, 가스, 증기 및 수도 사업	15	1	-	-

주: 법인은 현지 법인과 지점, 지사 포함. -는 집계되지 않음
자료: 한국수출입은행 해외투자통계

3. 우리나라와 페루의 교역관계

□ 한국의 對페루 수출입은 2009년 글로벌 금융위기를 제외하고 지속적으로 증가하여 2011년 수출 약 13억 6천만달러, 수입 약 19억 5천만달러를 기록함
  ○ 동 기간 對페루 교역증가율은 약 66%로 對중남미 교역 증가율 22.5%, 對세계 교역 증가율 14.5%에 비해 월등히 높은 증가세를 보임
  ○ 한 · 페루 교역 규모는 1990년 1억달러에서 2011년 33억달러로 30배 이상 증가함

□ 무역수지는 2006년 이후 적자를 지속하고 있으나, 적자폭은 2007년 이후 감소세를 보이다가 2011년 약 6배 늘어남
  ○ 2007년 대비 2008년에는 적자폭이 3배 이상 감소했으나, 이후 2011년에는 큰 폭으로 증가함

〈표 Ⅰ-9〉 최근 對페루 교역량 및 무역수지

(단위: 천달러, %)

구분	2007년	2008년	2009년	2010년	2011년
수출 (전년 대비 증감률)	466,161 (29.9)	720,004 (54.5)	641,426 (-10.9)	944,438 (47.2)	1,367,726 (44.8)
수입 (전년 대비 증감률)	1,039,888 (53.9)	903,894 (-13.1)	919,364 (1.7)	1,038,932 (13.0)	1,950,462 (87.7)
무역수지	-573,727	-183,890	-277,939	-94,494	-582,736

자료: 한국무역협회 무역통계

□ 2011년 기준 한국의 對페루 주요 수출 품목은 자동차, 석유제품, 영상기기 등이었으며, 특히 영상기기 수출 증가율은 전년 대비 1,693%로 급속히 증가하였음
  ○ 철강판의 경우 2010년에 수출이 급증하였으나, 2011년에는 그 증가폭이 감소함

□ 2011년 기준 한국의 對페루 주요 수입 품목은 동광, 기타 금속광물, 천연가스, 아연광, 금 · 은 · 백금 등임
  ○ 2011년의 주요 수입 품목은 2010년과 같이 주로 광물 및 천연자원 위주로 수입되

었고, 특히 금·은·백금의 증가(667.2%)가 눈에 띔

〈표 Ⅰ-10〉 최근 對페루 10대 수출 품목

(단위: 천달러, %)

순위	2010년			2011년		
	품목명	금액	전년 대비 증가율	품목명	금액	전년 대비 증가율
	총 계	944,438	47.2	총 계	1,367,726	44.8
1	자동차	372,233	104.6	자동차	499,776	34.3
2	합성수지	70,992	134.1	합성수지	125,183	76.3
3	철강판	55,382	79.1	영상기기	108,268	1,693
4	석유제품	54,707	-54.7	공기조절기·냉난방기	70,943	540.4
5	정밀화학원료	41,287	73.0	철강판	56,813	2.6
6	철강관 및 철강선	30,675	1,078.2	건설광확기계	42,170	102.1
7	무선통신기기	24,530	47.5	정밀화학원료	39,104	-5.3
8	건설광산기계	20,870	107.9	주단조품	37,895	1,869.4
9	자동차부품	20,860	18.9	자동차부품	28,724	37.7
10	고무제품	20,511	25.5	섬유및화학기계	28,073	183.1

주: MTI 3단위 기준
자료: 한국무역협회 무역통계

〈표 Ⅰ-11〉 최근 對페루 10대 수입 품목

(단위: 천달러, %)

순위	2010년			2011년		
	품목명	금액	전년 대비 증가율	품목명	금액	전년 대비 증가율
	총 계	1,038,932	13.0	총계	1,950,462	87.7
1	동광	485,584	58.3	동광	615,867	26.8
2	기타 금속광물	192,195	13.7	기타 금속광물	424,304	120.8
3	아연광	172,107	-9.7	천연가스	401,273	-
4	석유제품	71,072	-49.4	아연광	224,806	30.6
5	기호식품	32,379	68.2	금 은 및 백금	98,249	667.2
6	수산가공품	22,292	-4.4	기호식품	54,530	68.4
7	금 은 및 백금	12,807	230.3	수산가공품	52,157	134.0
8	연체동물	9,172	1.3	연체동물	12,337	34.5
9	의류	8,740	3.0	석유제품	11,210	-84.2
10	어육 및 어란	7,107	43.7	동제품	10,526	71.8

주: MTI 3단위 기준
자료: 한국무역협회 무역통계

4. 페루의 자유무역협정(FTA, Free Trade Agreement) 현황

가. 한·페루 자유무역협정 추진 현황

□ 2011년 8월 1일부터 한·페루 FTA가 공식 발효되었으며, 협정 범위는 상품, 서비스, 투자, 원산지, 정부조달, 협력 등 다양한 부문을 포괄함[7]
   ○ 2009년 3월 제1차 FTA 협상을 개시한 이후 다섯 차례의 협상 끝에 2011년 3월 정식 서명함
   ○ 한·페루 FTA는 중남미 국가 중에서는 칠레에 이어 두 번째 협정국임

□ 한·페루 FTA는 중남미 지역의 대표적인 성장 잠재시장을 선점한다는 것에 의의가 있음
   ○ 페루는 2010년 8.8%의 경제성장률을 보이는 등 중남미 국가 중에서도 성장성과 안정성이 높아 지속적 성장의 토대가 구축된 시장으로 평가됨

□ 향후 10년을 기준으로 0.01%의 실질 GDP 증가와 5,410만달러의 경제적 후생 증가 효과가 기대됨
   ○ 페루의 경제 규모가 크지 않아 FTA를 통한 직접적 경제효과는 크지 않을 전망임
   ○ 제조업 분야에서 수출은 1억 5,200만달러(10년 누적 기준) 증가하는 데 반해 수입은 2,400만달러 증가에 그쳐 1억 2,800만달러의 무역흑자 효과가 기대됨

□ FTA를 통해 우리나라의 주종품목인 가전제품, 기계류, 운송기기류 등 對페루 수출에 유리한 여건이 조성되고 있음
   ○ 개성공단에서 생산된 시계·가전 등 100여개 품목도 한국산 원산지로 인정됨

□ 광물에너지, 농림수산자원 등 천연자원을 안정적으로 확보할 수 있는 토대를 구축할 수 있을 것으로 예상됨

---
[7] 외교통상부 한·페루 FTA 상세설명서

- ○ 은 매장량 세계 1위, 동과 창연 매장량 2위, 주석과 아연 매장량 3위, 붕소 매장량 6위 국가임
- ○ 카미세아(Camisea) 가스전에 2,490억m³의 가스 매장량이 추정되면서 중남미 유망 산유국으로도 부상함

□ 페루의 경제규모가 우리나라의 7분의 1 수준임을 고려할 때, 한·페루 FTA는 단기적인 경제적 이해보다는 천연자원의 안정적 확보를 위한 기반 구축, 중남미 진출의 새로운 교두보 확보라는 측면에서 의의가 큼[8]

〈표 Ⅰ-12〉 한·페루 FTA 주요 추진 경과

일자	추진 경과
2005.11	APEC 정상회담 시 톨레도 페루 대통령 FTA 추진 제안
2007.10~2008.5	민간공동연구: 서울대학교, CONFIEP
2008.8.15	가르시아 페루 대통령 서한: FTA 협상개시 선언 제의
2008.11.21	정상회담시 한·페루 FTA 추진 합의
2009.3.16~20	한·페루 FTA 1차 협상(서울)
2009.5.11~14	한·페루 FTA 2차 협상(리마)
2009.6.29~7.3	한·페루 FTA 3차 협상(서울)
2009.10.19~22	한·페루 FTA 제4차 협상(리마)
2009.11.12	한·페루 정상회담: '한·페루 FTA의 조속한 체결' 합의
2010.8.29~30	한·페루 FTA 제5차 협상(리마), 타결
2011.3.21	한·페루 통상장관 FTA 정식 서명(서울)
2011.8.1	한·페루 FTA 발효

자료: 기획재정부 FTA 국내대책본부

□ 협상 내용은 FTA 발효 후 10년 이내에 현재 교역되고 있는 11,881개 품목에 대한 관세를 모두 철폐하는 것임
- ○ 상품뿐 아니라, 한·미 및 한·EU FTA와 유사한 수준으로 서비스 및 투자분야를 개방함

---

[8] 전망 및 향후 기대효과는 「한·페루 FTA 발효의 의의와 주요 활용방안, KIEP(2011)」인용

〈표 Ⅰ-13〉 한·페루 FTA 상품 양허 수준

(단위: 개, %)

양허단계	한국 양허			페루 양허		
	품목수	비중	주요 품목	품목수	비중	주요 품목
즉시철폐	10,044	84.5%	아연광, 연광, 동광, 니켈광, 철광, 나프타, 고철, 원유, 석탄, 윤활유, 금, 은, 보석, 승용차, 자전거, 타이어, 카메라, 시계, 건전지, 가죽제품(벨트 등), 모피의류, 견사, 신사복, 언더셔츠, 모자, 커피, 설탕(원당), 샤프란	5,001	67.9%	대형승용차(3개세번), TV(컬러, 흑백), VCR, 전기밥솥, 라디오카세트, 자동차 부품, 카스테레오, 무선전화기, 선박, 화물자동차, 타이어, 라이터, 손목시계, 오락용구, 기타합성섬유, 녹차, 배, 사과
3년내 철폐	223	1.9%	아스파라거스(신선냉장), 아보카도(신선건조) 등	58	0.8%	면도기, 이발기, 항공기 엔진
5년내 철폐	609	5.1%	연괴, 스웨터(면제), 코르크, 바나나, 라임, 포도주, 캐비아대용물, 어류의유지	936	12.7%	세탁기, 중형승용차(3개세번), 진공청소기, 의료위생용품, 종이제품, 설탕(정당), 필터담배, 맥주, 위스키, 인삼
(5년소계)	10,876	91.5%		5,995	81.3%	
8년내 철폐	170	1.4%	옥수수(종자용), 소모사, 붕장어(냉동)	51	0.7%	일부철강제품, 장신구, 황산
10년내 철폐	524	4.4%	아연괴, 일부연괴, 파티클보드, 섬유판, 합판, 소시지, 오징어(냉동, 조미, 자숙, 건조), 고등어(냉동)	1,240	16.8%	기타승용차, 냉장고, 고무관, 모포·혼방면사·폴리에스터직물, 신발류, 부직포, 인쇄용지, 접착제 등
(10년소계)	11,570	97.4%		7,286	98.9%	
10년 초과	202	1.7%	난황, 발효주정, 돼지고기(삼겹살),버터, 녹차, 설탕 등	79	1.1%	쇠고기(냉동절단), 설탕(원당), 버터, 발효유, 빙과류, 닭고기, 치즈
계절관세	2	0.0%	포도, 오렌지, 꿀, 맨더린	-	-	
현행관세/ 양허제외	107	0.9%	쇠고기, 고추, 마늘, 양파, 감귤(온주밀감), 보리, 사과, 배, 탈·전지분유, 치즈, 인삼류, 대두, 밤, 대추 등	4	0.1%	쌀
총합계	11,881	100%		7,370	100%	

주: 1. 품목수는 HS 2010 기준
    2. ASG 적용품목은 관세철폐 연도에 따라 분류
자료: 외교통상부

나. 페루의 자유무역협정

□ 페루는 동시다발적인 FTA 협상 추진을 통해 중남미 국가 중 칠레와 멕시코에 이은 FTA 선도국가로 평가받고 있음
  ○ 현재 총 8개국과 FTA를, 2개의 공동체와 경제보완협정을 맺어 이미 발효됨
  ○ 현재 태국, EU, 일본, 코스타리카, 파나마와도 FTA 협정을 진행 중이며 발효 예정 상태임

□ 중남미 전반에 걸쳐 확산되고 있는 반미, 강경좌파 노선의 국가들과 달리 시장 친화를 바탕으로 활발한 FTA 정책을 통한 성장기반 확충에 통상 정책의 주안을 둠

□ 페루는 안데안 역외국에 대해서는 역외 공동 관세를 적용하지 않고 있고, 이외 에콰도르, 콜롬비아, 베네수엘라, 볼리비아 등과 별도의 특별 관세제도를 운영하고 있음

□ 페루는 안데안 개별회원국과 부분적 자유무역협정을 체결하고 동 협정 내 품목에 대해 무관세 교역을 시행하고 있음
  ○ 볼리비아는 전 품목에 대해, 에콰도르는 500개 품목에 대해 무관세 교역임
  ○ 베네수엘라 및 콜롬비아는 약 800개 품목에 대해 무관세 교역임

□ 중남미 11개국이 참가한 중남미 통합 연합(LAIA) 회원국에 대해 개별 회원국과의 협정을 통해 기존 관세율에서 20~100%포인트 인하한 특혜관세를 부여함
  ○ 회원국은 아르헨티나, 브라질, 칠레, 에콰도르, 파라과이, 페루, 우루과이, 멕시코, 콜롬비아, 볼리비아, 베네수엘라임

□ 페루는 APEC[9]에 가입한 이후, 교역이 크게 확대되고 있으며, 미국과 2007년 FTA를 체결하는 등 다자 및 양자 협정에 대한 노력을 확대하고 있음
  ○ 미·페루 FTA는 2009년 2월을 기해 발효하였으며, 체결협상 전과 비교해 양국 간

---
9) 아시안태평양경제협력체로, 페루를 포함해 현재 21개국이 가입된 상태임

무역이 두 배 이상 성장함

○ 80% 이상의 미국제품이 무관세로 페루시장에 진출하게 됐으며, 페루 기업도 역시 미국으로의 수출이 수월해질 것으로 예상됨

<표 Ⅰ-14> 페루의 자유무역협정 현황

국가	협정 형태	발효 여부	비고
칠레	자유무역협정(FTA)	발효	2009 발효
싱가포르	자유무역협정(FTA)	발효	2009 발효
미국	자유무역협정(FTA)	발효	2009 발효
캐나다	자유무역협정(FTA)	발효	2009 발효
중국	자유무역협정(FTA)	발효	2010 발효
태국	자유무역협정(FTA)	발효 예정	
유럽연합(EU)	자유무역협정(FTA)	발효 예정	
유럽자유무역연합(EFTA)[1]	자유무역협정(FTA)	부분적 발효	스위스, 리히스텐스타인 발효
일본	자유무역협정(FTA)	발효 예정	
한국	자유무역협정(FTA)	발효	2011년 발효
코스타리카	자유무역협정(FTA)	발효 예정	
파나마	자유무역협정(FTA)	발효 예정	
안데스공동체(CAN)[2]	관세동맹, 자유무역지역 창설 협정	발효	○ 1993년 볼리비아, 콜롬비아, 에콰도르, 베네수엘라의 대외공동관세 적용으로 관세동맹 ○ 페루는 이 자유무역협정에 1997년에 가입하고 2005년에 안데스동맹 회원국에대해 일반관세 철폐 완료
남미공동시장 (MERCOSUR)[3]	경제보완협정 (ACE 58)	발효	2003년 발효
멕시코	경제보완협정 (ACE 8)		○ 1987년 멕시코와 페루 간 관세인하 실시 ○ 2000.2월 협정 대상분야를 확대하고 2000.8월 발효
쿠바	경제보완협정 (AAP.CE.50)	발효	1994년 발효

주: 1) 스위스, 아이슬랜드, 리히텐스타인, 노르웨이
    2) CAN: 볼리비아, 에콰도르, 콜롬비아, 페루
    3) MERCOSUR: 브라질, 아르헨티나, 우루과이 파라과이
자료: 페루 통상관광부(MINCETUR)

□ 페루는 중국과 2009년 4월 FTA 협정을 체결하였으며, 이는 중국이 중남미 국가 중 최초로 체결한 협정으로 양국 관계발전의 새로운 이정표가 될 전망임
  ○ 2010년 3월 발효되었으며, 상품 무역 분야에서 90% 이상의 제품에 대해 영(0)관세율을 적용하며 서비스 무역과 투자 분야에서 WTO 규정의 기초 위에 서비스분야의 추가 개방, 투자분야에서 최혜국대우, 공정대우 등 상호 부여를 규정함

5. 페루의 AEO 제도[10]

□ 2012년 10월부터 페루 AEO 제도가 시행됨
  ○ 페루 대통령(H.E. Ollanta Humala), 페루 관세청장(Rafael García) 등 페루 정부 인사 및 WCO 관료들이 참석한 가운데, 10월 2~3일 양일 동안 AEO 런칭 행사가 치뤄짐

□ 페루의 AEO 제도는 안보와 위험관리를 목적으로 함
  ○ 페루 관세법 Customs General Law, Legislative Decree 1053의 법률적 근거로 함

□ 세관검사 축소, 검사 시 우선 검사, 세관 통관·등록 시 즉각 검사채널 확정, 통관 전 세관 보세창고에 항공화물 저장 불필요 등의 혜택이 주어짐

□ AEO 제도는 수입과 수출에 대해 적용하며, 인증 유효기간은 3년에 한함
  ○ AEO 제도의 대상은 물류공급망 당사자로, 수출업자, 수입업자, 보세창고 운영인, 수출입화물 운송업자, 관세사, 항만터미널 운영인, 선박회사, 항공사 등임

□ 과거 AEO 파일럿 테스트는 7명이 참여했으며, 수출업자 2명, 관세사 1명, 보세창고 운영인 2명, 수출입화물 운송업자 1명, 항만터미널 운영인 1명임
  ○ 등록 정보에는 RUT(주민등록번호), 성명, 주소, 회사명, 2~4명의 긴급 연락처, 화

---

[10] http://www.sunat.gob.pe/orientacionaduanera/oea/index.html 참고

품명, 전화번호, 이메일주소를 기입해야 함

☐ 정부 및 민간 차원에서 보안 감사, 공급망 보안법에 대한 훈련, 워크숍, 세미나 등을 확대할 방침임
  ○ AEO 관련 인력은 관세 행정관 5명과 민간 조직으로 구성될 것으로 예정됨

☐ 페루 정부의 AEO 제도의 실행은 중남미 전역의 강력한 정치적 지원 및 협조의 상징적인 사례로 평가됨
  ○ WCO의 20여 개국의 사절단과 중남미 5개국의 관세청장이 AEO 런칭 행사에 참여함으로써 지역 간 협력의 중요성을 부각시킴

6. 페루의 자유무역지대

☐ 페루 정부는 1990년대 CETICOS[11])와 Zofratacna[12])를 자유무역지역으로 정하고, 투자 촉진을 위한 면세 혜택을 줌
  ○ 자유무역지역 투자촉진 개정법 제27688호에 따르면 자유무역지역의 면세시한 연장을 2011년으로부터 2041년까지라고 규정하고 있음
  ○ 이 지역의 주요 생산 물품은 가정용 개인용 가전기구, 직물, 신발, 소형 생산물이며, 현재 Tacna지역 일일 무역량은 약 1억달러에 달함

☐ CETICOS는 2012년 12월 31일까지 소득세, 부가가치세, 특별 소비세 등 모든 국세와 지방세를 면제함[13])
  ○ Paita, Ilo, Matarani 항을 통해 수입되는 모든 물품에 대해 수입 관련 조세와 지방세를 면제함

---

11) Centros de Exportación, Transformación, Industria, Comercialización y ServiciosCETICOS는 수출, 수송, 산업, 상업 및 서비스 센터
12) Zona Franca de Peru(Tacna Free Zone), Tacna 면세 지역, http://www.zofratacna.com.pe/참고
13) 단, 의료보험료는 예외

○ 농산물 가공업: 국내 생산 농산물을 CETICOS에서 가공함
   ○ Tacna의 CETICOS에서 중고 자동차의 수리, 분해 수리 종사 업체에는 2008년 12월 18일까지 적용, 수입중고차를 수리 후 재수출할 수 있도록 함

□ CETICOS 지역 외의 국내 모든 지역에서 유입되는 상품과 서비스는 수출로 간주, 수출에 관련되는 법규, 세제를 적용함
   ○ 페루 영토 내의 세관을 통해 CETICOS로의 물품 유입이 가능하며 통관, 외국으로의 재선적, 외국 물건을 CETICOS로 들여와 가공해서 수출이 가능함

□ CETICOS에서 생산되어 국내 다른 지역으로 물건은 임시 수용, 임시 수입, 면세품의 복원에 관한 법률을 적용함
   ○ 외국으로 물건을 재선적 하여 창출되는 이윤에 대해서는 이윤세를 면제함
   ○ CETICOS에서 국내 반입물건에 대해서는 정상수입에 적용되는 모든 세금을 적용

□ 국내수입이 금지된 물품을 타크나 자유무역지역 및 상업지역으로 반입하는 것은 여전히 제한됨
   ○ 단, 이 법으로 Jorge Chávez del Callao 국제공항을 통해 반입한 물품을 상업지역으로 보내기 위해 Carlos Ciriani Santa de Tacna 항공터미널로 인도할 수 있게 됨

□ Zofratacna는 세금 면제, 유리한 법률 적용, 세금보류 등의 투자 혜택이 있음
   ○ 기업 운영 관련 국세와 지방세를 면제함(단, 의료보험료는 제외)
   ○ 지역 내 납세자 간 거래에 부가가치세를 면제함
   ○ 외부에서 Ilo, Matarani항, Tacna 공항, Arica(칠레) 부두로 유입되어 Zofratacna 면세 창고를 거쳐 Tacna로 오는 물건에 특별세율을 적용함
   ○ 국내 타 지역에서 Zofratacna로 유입되는 자산, 서비스는 수출로 간주되어 수출에 적용되는 일반 세금, 법률을 적용함
   ○ 완성을 위해 잠깐 수출되었던 상품에서 파생되는 상업적 가치가 있는 쓰레기나 잔여물의 수입에 세금을 비적용함

○ 지역 내 납세자는 기계, 설비, 장비, 부품을 수입할 때 세금을 보류할 수 있는 혜택이 있음

Ⅱ. 외국의 통상환경 보고서

1. World Bank의 「Doing Business」 2013

□ 세계은행(The World Bank)은 2004년부터 매년 '사업하기 좋은 나라(Ease of doing business)' 순위를 다양한 부문에 걸쳐 조사하여 「Doing Business」라는 보고서명으로 발표하고 있음

□ 2013년에 발간된 「Doing Business 2013」는 2012년 한 해 동안 185개국에 대하여 부문별로 조사·평가한 내용이 수록됨
  ○ 「Doing Business 2013」 보고서상 순위를 결정짓기 위하여 조사된 분야는 사업 개시(Starting a business), 건설 허가(Dealing with construction permits), 전력 수신(Getting electricity), 부동산 취득(Registering property), 신용 취득(Getting credit), 투자자 보호(Protecting investors), 세금 납부(Paying taxes), 무역(Trading across borders), 계약 이행(Enforcing contract) 및 청산(Resolving insolvency) 등 10개의 지표임
  ○ 2013년 보고서에 따르면, 종합적인 '사업의 용이성(Ease of Doing Business)' 순위에 있어 1위를 차지한 국가는 싱가포르였으며, 우리나라는 3위에 올랐음

□ 당해 보고서상 무역 분야 순위는 수출입에 필요한 서류의 개수와 수출입 소요 일수 및 소요 비용 등을 산출하여 순위를 정하고 있는데, 필요서류가 적고 수출입 소요 기일이 짧을수록 더욱 높은 순위에 오르는 형식임
  ○ 무역 분야에서 2012년 보고서상 4위에 올랐던 우리나라는 2013년 보고서에서 3위에 올라, 순위가 1계단 상승함

Ⅱ. 외국의 통상환경 보고서

〈표 Ⅱ-1〉「Doing Business 2013」 페루의 무역 분야 순위 비교

구분	페루	중남미 (평균)	OECD (평균)	칠레	멕시코	한국
수출필요서류(개수)	6	6	4	6	5	3
수출소요시간(일)	12	17	10	15	12	7
수출소요비용 (달러/컨테이너)	890	1,268	1,028	980	1,450	680
수입필요서류(개수)	8	7	5	6	4	3
수입소요시간(일)	17	19	10	12	12	7
수입소요비용 (달러/컨테이너)	880	1,612	1,080	965	1,780	695
무역분야 순위	60	-	-	48	61	3

자료: The World Bank, 「Doing Business 2013」

☐ 「Doing Business 2013」에서 페루는 종합적인 사업의 용이성(Ease of Doing Business)에 있어 전체 조사국인 185국 중 43위에 올랐으며, 부문별 주요 지표 중 무역 분야(Trading Across Borders)에서는 60위를 기록함
　○ 지난 해 보고서인 「Doing Business 2012」에서 종합적 사업의 용이성 순위 41위, 무역 분야 순위 56위에 올랐던 페루는 2013년 보고서상에서 대부분의 지표와 종합 순위가 소폭 하락함

☐ 페루는 2010년 무역 용이성 부분에서 185개국 중 가장 많은 개선을 보인 국가로 선정되었으며, 2013년 순위의 소폭 하락은 2011년의 전적에 비해 하락한 것이므로 그 의미가 크지 않다고 판단됨
　○ 2006년 종합적인 사업의 용이성 부분은 71위였으나 2008년에 58위, 현재는 43위로 지속적인 개선을 보이고 있음
　○ 무역 분야에서 2008년 71위에서 현재 60위로 11 순위 상승한 상태임[14]

---

14) 「2006년 Doing Business」 보고서는 분야별 순위는 나타나 있지 않고 종합 순위만 랭크함

<표 Ⅱ-2> 페루 수출입 소요 기간 및 비용

(단위: 일, 달러)

구 분	수출		수입	
	소요기간	비용	소요기간	비용
서류준비	5	150	7	150
세관통관	2	130	3	120
항만(터미널)	3	330	5	330
내륙운송	2	280	2	280
합 계	12	890	17	880

자료: The World Bank, 「Doing Business 2013, Economy Profile: Peru」

□ 페루에서의 해상 수출에 있어 컨테이너당[15] 약 890달러의 금액이 소요되며 수출에 필요한 서류는 5가지이고, 서류 준비를 비롯하여 수출 통관 및 국내 운송, 항만에서의 업무를 포함, 수출에 총 12일이 소요됨

□ 페루에서의 해상 수입에 있어 컨테이너당 약 880달러의 금액이 소요되며 수출에 필요한 서류는 7가지이고, 서류 준비를 비롯하여 수입 통관 및 국내 운송, 항만 업무를 포함, 수입에 총 17일이 소요됨

<표 Ⅱ-3> 페루의 수출입 시 필요 서류

수출 시 필요서류	수입 시 필요서류
○ Bill of Lading(선하증권) ○ Certificate of Origin(원산지증명서) ○ Commercial invoice(상업송장) ○ Customs export declaration(수출신고서) ○ Packing list(포장명세서)	○ Bill of Lading(선하증권) ○ Cargo release order(화물반출지시서) ○ Certificate of origin(원산지증명서) ○ Commercial invoice(포장명세서) ○ Customs import declaration(수입신고서) ○ Packing list(포장명세서) ○ Terminal handling receipts 　(터미널화물처리영수증)

자료: The World Bank, 「Doing Business 2013, Economy Profile: Peru」

---

15) 20피트 컨테이너(TEU) 만재화물 기준이며, 위험물·군수품 등이 아니라는 가정하에 산정한 금액임

2. 미국 국별 무역장벽 보고서(National Trade Estimate Report on Foreign Trade Barriers: NTE 보고서)

□ 국별 무역장벽보고서는 1974년 통상법(Trade Act of 1974) 제181조에 근거하여 미국 무역 대표부(USTR, United States Trade Representative)가 작성, 매년 3월 말 의회에 제출하는 연례 보고서임
  ○ 이 보고서는 미국 업계의 의견과 해외 주재 미국 대사관의 보고서, 관련 정부 부처의 의견 등을 기초로 작성됨
  ○ 2012년 보고서는 미국의 62개 주요 교역국 및 경제권의 무역과 투자 장벽에 대해 포괄적으로 기술하고 있음[16]

□ 2012년 국별 무역장벽보고서에는 미국의 수출업자 입장에서 작성된 62개 각 국가의 수입정책(Import Policies)과, 정부조달(Government Procurement), 지식재산권 보호(Intellectual Property Rights Protection) 등 무역 및 투자 장벽 등에 관하여 언급하고 있음

□ 보고서 중 페루 무역 개관 부분에서는 페루가 미국의 30번째로 큰 수출시장이라는 점, 양국 간 수출입 규모 추이, 외국인 직접 투자(FDI) 금액에 관해 언급함
  ○ 2011년 미국의 對페루 무역 적자액은 21억달러로 이는 2010년보다 3억 9천만달러 증가한 수치임
    - 2011년 對페루 수출액은 전년 대비 23.2% 증가한 83억달러, 미국의 對페루 수입액은 전년 대비 23.2% 증가한 62억달러였음
  ○ 2010년 미국의 對페루 외국인 직접 투자(FDI) 금액은 2009년도의 56억달러보다 증가한 79억달러로, 투자는 주로 광산업 부분에서 이루어짐

---

[16] 2010년부터 동식물 위생 및 검역(SPS, Sanitary and Phytosanitary Measures) 및 무역에 대한 기술 장벽(TBT, Technical Barriers to Trade) 관련 사안은 NTE 보고서와 별도로 발표하고 있음

가. 수입 정책(Import policies)

☐ 미·페루 무역진흥협정(PTPA)[17]을 통해 양국의 상품 및 서비스 교역에 자유화를 가져옴
　○ 2006년 4월 최초 협정했으며, 2009년 2월부터 효력이 발생함

☐ PTPA 규정은 미국에서 페루로 수출 시 대부분의 관세를 철폐한다는 내용과 관세행정 및 무역 원활화, 기술장벽, 정부조달, 서비스, 투자, 정보통신, 전자상거래, 지적재산권보호, 투명성, 노동과 환경보호에 관련한 원칙을 설명하고 있음

☐ 미국 소비재와 산업제 수출의 80% 이상의 관세가 철폐되며, 나머지 품목은 2018년까지 점차 철폐될 것임
　○ 현재 페루로 수출되는 농산품의 3분의 2 이상이 면세되고 있고, 나머지 관세가 있는 물품들은 2026년까지 점차 철폐될 예정임

☐ 페루정부는 PTPA를 통해 보조금 정책을 중지하고, 수입 라이센싱 조건(Import Licensing requirement) 규정을 없애는 등 이미 여러 비관세장벽을 제거함

☐ 중고 의류 및 신발, 중고 타이어, 5년 이상의 중고 승용차, 8년 이상의 중고 트럭의 수입을 제한하고 있음
　○ 부가가치세는 기부 물품에 부과되지 않으며, 수입허가를 받은 중고차와 트럭에 45%의 특별소비세가 적용됨(새차의 경우 20% 적용)
　○ Ilo, Matarani, Tacna의 페루 남부 산업지대 중고 수입차를 개량수선 과정을 거치면 특별소비세는 부과되지 않음

---

[17] United States-Peru Trade Promotion Agreement

나. 정부 조달(Government Procurement)

□ PTPA 협정에 따라 공정, 비차별적, 투명한 정부조달 절차가 요구됨. PTPA하에서 미국 서플라이어들은 대부분의 페루 중앙정부 부처에서 발주하는 정부조달 입찰시장에 페루 서플라이어와 같은 베이시스로 참여할 수 있음
  ○ 이는 페루 석유 회사, 페루 공공보건보험 에이전시 등의 정부소유 회사에 의한 조달을 포함해서 일컬음

□ PPTA의 반부패(Anticorruption) 조항은 페루의 국내법이 정부조달을 포함한 무역과 투자 관련 뇌물수수 등의 부패를 척결하기 위해 형법을 통해 다스린다는 내용을 포함하고 있음

다. 지식재산권 보호(Intellectual Property Rights Protection)

□ 미국 무역대표부(USTR)는 페루를 저작권, 지적재산권 보호 요주의 국가 명단에 유지하고 있음
  ○ 페루는 미국 무역대표부(USTR)의 2011년 Special 301 Watch List에 등재되어 있는 상태임

□ 하지만, PTPA 협정을 통해 저작권, 상표 및 특허의 효과적 보호와 함께 불법 복제 및 위조에 대한 법 집행을 강화할 것으로 기대됨
  ○ 아직 법 적용이 잘 되지 않고 위법자 처벌 등이 미흡한 것으로 평가되고 있지만 향후 제도 정비를 통한 불법 및 위조 범죄가 줄어들 것이라고 기대되고 있음

□ 지식재산권 보호 업무를 담당하는 기관은 INDECOPI이며, 3개의 부서에서 상표, 발명품, 저작권 등의 업무를 수행하고 있음
  ○ Office of Distintive Symbol
    - 상표, 상호, 의장권 등록 및 보호업무 수행

○ Office of Inventions and New Technologies
  - 발명품, 신기술의 등록 및 보호업무 수행
○ Office of Copyright
  - 저작권의 보호와 관련된 업무수행

라. 서비스 및 투자 장벽

□ 페루는 모든 경제부문에서 자유경쟁 시장체제를 도입하고 있기 때문에 서비스 부문에 대한 특별한 규제는 없음

□ 투자유치제도의 기본 법령은 외국인 투자 촉진법, 민간투자 진흥법, 민간투자 보장제도에 대한 규정임
  ○ 내외국인 투자 동등 권리 부여
  ○ 외국인 투자자의 경제활동에 관한 제반 규제 철폐
  ○ 외국인 재산권 보장
  ○ 투자허용 범위는 직접투자, 합작투자, 페루내 상품, 동산, 부동산 등의 실물투자, Portfolio 투자임

□ 페루는 방송매체, 국민 보건 위생 분야, 용역 및 경비 분야 등 일부 분야에 대해서는 외국인 투자를 제한하고 있음
  ○ 방송매체의 경우 외국인의 과반의 지분 소유를 금지하고 있음
  ○ 그 외에도 방사성 물질, 마약류, 인체에 유해한 동식물, 국민 보건 위생에 위해를 야기하는 산업분야, 관광 숙박업, 유흥업소, 도박 관련 분야, 운송업 분야, 은행 및 국방관련 산업 분야에 투자 절차상의 제한을 두고 있음

□ 현재 외국인 투자법 고용 규정에 따르면, 회사 소유주가 내외국인인지 여부와 상관없이 외국인 고용원(employee)의 수는 현지기업 전체의 20% 이상 또는 총급여 수령 임원의 30% 이상이 되면 법에 위배됨

○ 단, 신규 설립회사, 다국적 서비스 공급회사, 은행 및 운송회사에 대해서는 예외가 인정됨

□ 국경으로부터 50㎞ 이내에 위치한 토지 혹은 천연자원에 대한 투자로 인한 취득은 제한되어 있음
　○ 그 외 외국인 부동산 취득은 특별 제한 사항이 없음

Ⅲ. 페루의 통관환경

1. 통관 행정 개요

가. 통관 행정 조직

□ 우리 나라의 관세청의 역할을 하는 페루 조직은 관세 및 국세 감독위원회(Superintendencia Nacional de Aduanas Y De Administracion Tributaria, 이하 SUNAT)[18]로, 재경부(MEF)[19] 산하에서 운영되며, 내국세와 관세를 담당하는 조직임
  ○ SUNAT은 국세 감독위원회(Superintendencia Nacional de Administracion Tributaria)의 약어로, 관세 감독위원회(Superintendencia Nacional de Aduana, SNA)와는 별도의 조직이었음
  ○ 하지만, 2002년 국세 감독위원회(SUNAT)와 관세 감독위원회(SNA)가 통합되었고 이 새로운 조직을 SUNAT이라 재명명함[20]
  ○ 조직 통합의 배경은 장기적인 세금징수 증대와, 재무감독의 통합, 인근국의 행정 통합 추세[21] 등에 있음

□ 재경부는 관세 및 국세 감독위원회(SUNAT) 이외에도 증권감독위원회(CONASEV), 조달청(OSCE), 사회보장정상화실(ONP), 투자진흥청(PROINVERSION) 총 4개의 조직으로 구성됨[22]

---

18) National Superintendency of Tributary Administration
19) Ministerio de Economía y Finanzas
20) Ley 24829, Dec061-2002-PCM 참조 http://www.sunat.gob.pe/legislacion/sunat/ley-24829.pdf
21) 브라질, 아르헨티나, 콜롬비아, 베네수엘라, 멕시코, 과테말라 외 다수
22) 부록 페루정부 조직도 참고

□ SUNAT은 국세행정 감독위원회(SNATI)[23], 내국세 감독위원회(SNAAI)[24], 관세 감독 위원회(SNAA)[25] 크게 세 조직으로 구성되며 관세 감독위원회가 관세청의 역할을 맡고 있음
  ○ 국세행정 감독위원회는 SUNAT을 대표하며 국내외 관련 모든 법령, 계약 및 협정을 관할함[26]
  ○ 내국세 감독위원회는 내국세 관련 법제도적 목적의 성취를 원조하며, 국세행정 감독국위원회 최고위원 부재 시 SUNAT의 기능 및 역할은 내국세 행정 총감독위원에게 위임됨
  ○ 관세 감독국위원회는 관세와 관련된 제도적 목적의 성취에 있어 국세행정 감독위원회를 원조하며, 국세행정 감독위원회 최고위원이 부재하고, 명시적으로 그 역할을 위임 시 SUNAT의 기능 및 역할은 관세 감독 최고위원에게 위임됨

□ 관세 감독위원회(SNAA)는 3개의 본부 조직과, Callao 광역시의 3개의 중앙 세관, 지방 세관으로 구성되어 있음
  ○ 본부 조직은 국경관리 및 밀수 예방감시국(IPCyCF), 기술감독국(INTA), 재무감독 및 관세징수 관리국(IFGRA) 총 3개임
  ○ 세관은 Callao[27] 광역시의 Callao 해관, Callao 공항 세관, Callao 우편 세관의 중앙세관과, 나머지 지방 세관으로 구성되어 있음
  ○ 지방 세관은 Tacna, Puno, Arequipa, Tumbes, Paita, Iquitos, Ilo, Mollendo, Salavrry, Pisco, Chiclayo, Cusco, Chimbote, Pucallpa, Tarapoto, Puerto Maldonado 총 16개임

---

23) Superintendencia Nacional Adjunta de Tributos Internos
24) Superintendencia Nacional Adjunta de Administracion Interna
25) Superintendencia Nacional Adjunta de Aduanas
26) 2012년 10월 기준 국세행정감독부 최고위원은 Verjarano Velasquez이며, 관세감독부 총감독위원은 Garcia Melgar, Rafael Eduardo임 SUNAT 홈페이지의 고위급 실무자 조직도 참고 링크: http://www.sunat.gob.pe/institucional/quienessomos/principalesfuncionarios.html
27) Callao(까야오)는 페루 수도 Lima(리마)市에서 가장 가까운 도시로 수출입화물의 주요 운송항구가 위치함

□ 페루에 수입되는 모든 상품의 통제, 화물의 양하, 포장의 개방 등에 관한 책임은 페루세관의 배타적인 권한이며, 다른 어떤 당국도 그러한 권한을 갖고 있지 않음

□ 관세 감독원원회의 본부 조직인 국경관리 및 밀수 예방감시국(IPCyCF)은 밀수 및 부정 수출입 행위를 단속함
  ○ 밀수 및 부정 수출입 행위를 예방하기 위한 전략과 프로그램을 세우고, 그에 따른 조치를 실행, 규정하는 역할을 함

□ 재무감독 및 관세징수 관리국(IFGRA)은 관세를 징수하고 수출입으로 확보되는 관세 수입을 관리하는 역할을 함
  ○ 관세와 관련된 재무, 세수, 세수 적자 회복과 관련된 프로그램, 절차, 대책을 마련하고 집행하는 책임을 지고 있음
    - SUNAT은 법률에 의거한 관세행정 정부기관으로, 납세자 등록서의 등록을 입증하는 각각의 증명서를 납세자들에게 제공하는 납세자 등록업무를 실시하고 있음

□ Callao 중앙 세관과 16개의 지방 세관은 관세율(tariff schedules)과 세관 운영 관리를 책임지며, 국제무역의 관세법령 적용을 검토하고 벌금 부과 및 분쟁해결에도 관여하고 있음
  ○ 수출입 시 발생하는 범죄를 통계를 통해 본부에 보고하는 역할도 담당함

□ 페루의 관세법 체계는 Ley 27444, Ley 27584, Decreto 1053, DS. 238-2011-EF, Ley 28008등 5개의 법령을 기본으로 하며, 수출입 통관을 비롯한 관세 행정 전반의 기초 법령임

〈표 Ⅲ-1〉 페루 관세 기초 법령

코 드	법	법 명	제정일	발효일
GJA-01	Ley 27444	Ley del Procedimiento Administrativo General	2001.4.11	2001.10.11
GJA-02	Ley 27584	Ley que regula el Proceso Contencioso Administrativo	2001.7.12	2002.4.16.
GJA-03	Decreto Legislativo 1053	Ley General de Aduanas	2008.6.27	2008.6.28[1] 2009.3.17[2] 2010.10.1[3]
GJA-04	DS. 238-2011-EF	Arancel de Aduanas	2011.12.24	2012.1.1
GJA-05	Ley 28008	Ley de los Delitos Aduaneros	2003.6.19.	2003.8.28

주: 1) Entró en vigencia sólo el artículo 31º con excepción del inciso d)
    2) Entró en vigencia parcialmente conforme a su Reglamento
    3) Entró plenamente en vigencia
자료: SUNAT

[그림 Ⅲ-1] 페루 SUNAT 조직도

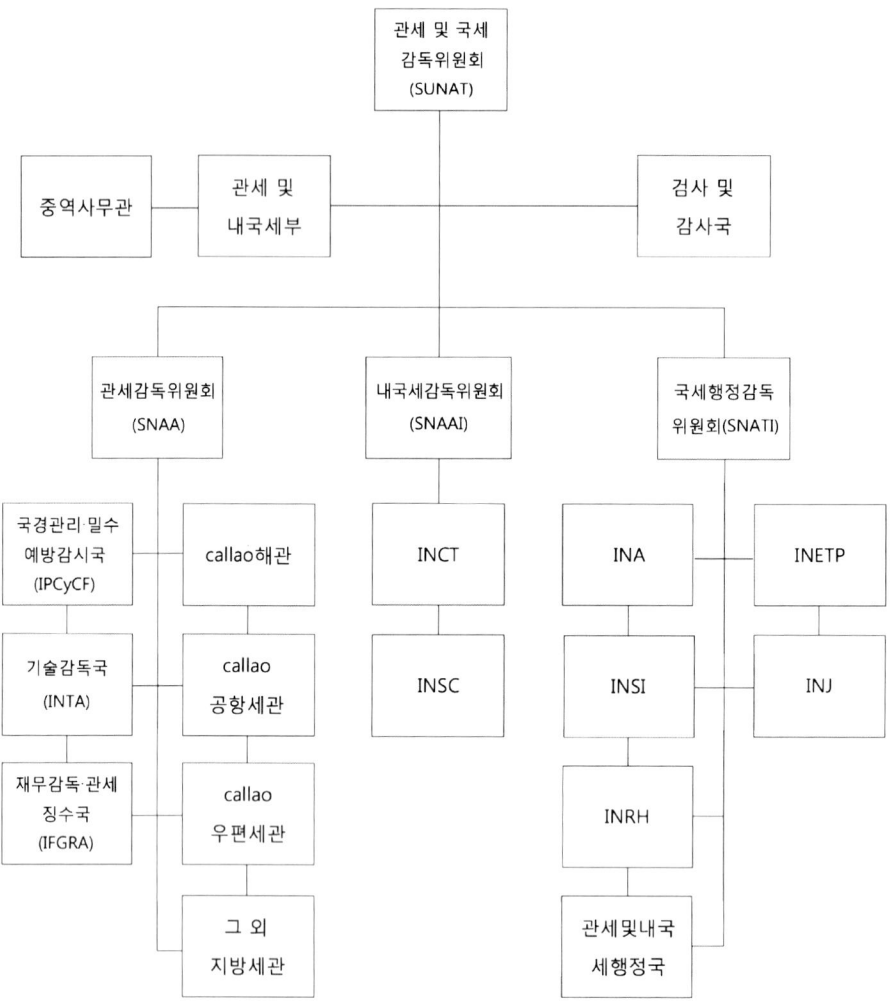

자료: SUNAT[28]

---

28) http://www.sunat.gob.pe/institucional/quienessomos/organigrama.pdf 조직도 원본 참고

Ⅲ. 페루의 통관환경 43

[그림 Ⅲ-2] 페루 SUNAT 홈페이지

세금납부

AEO 항목

나. 페루 통관환경 개관

1) 통관 환경의 현대화 노력

☐ 페루 정부는 절차 마련, 법령 공표, 위원회 설치 등 통관환경 개선을 포함한 무역 원활화를 위한 통관 정책을 정비하고 있음
- ○ 통관절차 간소화, 관세 법령의 공표 등 세관행정의 투명성 증대
- ○ 원산지 등의 사전 판정제
- ○ 관세 문제 관련 처분에 대한 재심절차 보장
- ○ 통관 관련 교환된 정보의 기밀유지 및 사용 제한
- ○ 양국 간 관세협력 강화 및 관세·원산지·무역원활화 위원회 설치 등을 규정[29]

☐ 최초의 현대화 작업은 세관의 행정절차 개선 프로젝트로 1992년에 시작됨
- ○ 동 작업은 1996년까지 지속되었고, 이를 통해 지방 운영세관에서 무역정보를 온라인상에서 공유하기 시작했음

☐ 1996년 말, 페루정부는 ISO 9000에 따라 항만절차를 현대화했고, WCO[30]로부터 무역 절차상의 현대화를 인정받게 됨
- ○ 새로운 규정과 법규를 통과 노력으로 1999년 12월 세관은 Lloyd's Register Quality Assurance로부터 ISO 9002, 1994 버전 인증을 받음
- ○ ISO 9000 인증은 수출입, 관세의 예치 및 이체, 적하목록 서비스, 세관 서비스 관리를 포함함

☐ 페루정부는 관세행정에 있어 활용될 수 있는 정보통신기술(ICT)개발하고 전산화 작업을 통한 세계 무역 원활화에 기여하고 있음을 인정받고 있음[31]

---

29) 외교통상부 상세설명자료 참고 http://www.fta.go.kr/new/pds/fta_korea/peru/peru1.pdf
30) 세계관세기구
31) World Bank, UNCTAD

□ 2012년 현재 통관자동관리시스템(이하 SIGAD)[32]이라는 새로운 버전의 새로운 통관 절차가 실행되고 있음
  ○ 절차는 정보기술을 이용한 더욱 효율적이고 간소화된 절차이며, ISO 9001:2008를 유지해야 함

□ SIGAD은 Teledespacho, SOL[33], Aduanet, EDI/UN-EDIFACT 등을 포함한 통관자동관리시스템 전반을 일컬음[34]
  ○ 이 시스템을 통해 적하목록, 수입신고, 특급탁송((fast delivery consignments), 출항신고서(departure declarations), 통합 세금 납부(integrated duties), 특수건(special cases), 디지털화(digitalization), 인적자원 개발, 서비스 향상이 가능해짐
  ○ 이 모든 사항들은 SUNAT 변혁의 첫걸음이자 도전과제임

□ Teledespacho 시스템은 통관업체에 제출한 수입신고, 선적명령[35] 등의 서류를 중앙세관에 전자 전송할 수 있게 함
  ○ Teledispacho 시스템은 1997년 Callao항 해관 및 항공 세관에서 최초로 실시되었으며, 1998년 이후 페루 전역으로 확산되었음

□ Teledespacho 웹페이지에 접속하면, 서류를 송수신하는 주체(통관업체, 운송사 에이전트, 화주 등)와 수입 해당세관을 선택한 뒤, 자신의 수입신고 번호와 암호를 입력하면 서류를 전산상으로 송수신할 수 있음[36]

□ 세관원이 가진 정보의 송수신은 INFOVIA[37] 장치를 이용함
  ○ 세관원이 어떠한 세관에서도 인터넷을 통해 파일을 보낼 수 있게 하며 같은 방법

---

32) Sistema Intedrado de Gestion Aduanera, 기존 SIGAD의 새로운 버전
33) SUNAT Operaciones en Linea의 약어로, 페루 화폐단위인 솔(누에보솔)과 혼돈 주의
34) http://www.sunat.gob.pe/gobiernoelectronico/princ_serv_sigad.html참고
35) Shipment Order
36) [그림 Ⅲ-6] 참조
37) Telefonica 페루 통신업체에 의해 제공되는 병렬형 네트워크로 인터넷 엑세스 서비스 제공

으로 이 서비스는 그들로 하여금 파일을 받을 수 있게 함

☐ 통신 접속 및 정보 진행 시 비용이 발생하지 않으며, 전화비만 지불하면 된다는 장점이 있음
  ○ 동시에 이 모델은 세관원 혹은 그들의 소프트웨어 공급자에 따라 소프트웨어를 바꾸지 않아도 됨

☐ 세관의 네트워크서버는 중앙 관세당국에 물리적으로 위치되어 있기 때문에 정보이동은 지방세관에서 중앙관세국으로 상향 전달되는 방식임
  ○ 지방세관 역시 Teledespacho를 통해 모든 consulting facilities와 standard updating을 가지고 있지만, 이미 세관에 진행중인 문서에는 영향을 주지 못함

☐ 현재 'Teledespacho' 시스템을 이용해 중앙통제방법으로 운영되고 있는 세관은 서비스의 질과 투명성 측면에서 가시적 성과를 보이고 있음
  ○ Pisco, Salaverry, Arequipa, Cuzco, Puno, Chiclayo, Chimbote, Pucallpa, Tarapoto 총 9개 세관에서 사용 중임
  ○ 나머지 10개의 지방 세관들은 지자체 사정상 이 시스템을 사용하지 않고, 분권화된 방법으로 남겨질 예정임(Callao 해관·공항세관·Postal세관, Tacna, Ilo, Mollendo, Iquitos, Tumbes, Paita, Desaguadero agencia)

☐ 'Teledespacho' 시스템을 통한 수입신고는 1년 기준 250,000건, 문의량은 하루 평균 13,000건으로 사용자들의 만족도가 높은 편임
  ○ 2003년 누계 기준 1,508,093건의 수입신고가 teledespacho 시스템을 이용해 이뤄짐
  ○ 그 외 373,175건의 서류, 1,435건의 소득 서류, 745,409건의 간편 납부 이용에 대한 기록이 집계됨

[그림 Ⅲ-3] 페루 Teledespacho Web

◆SUNAT TELEDESPACHO WEB

BIENVENIDO　　　　　　　　　　　　　　　Fecha : 16/05/2012
　　　　　　　　　　　　　　　　　　　　　　Hora : 08:16:52

INGRESAR

Tipo de Envio
Teledespacho

Tipo de Usuario	Usuario	Password	Codigo de Aduana
Agente de Aduana			Aduana Maritima

Ingresar

NOTA : Desde esta pagina podra enviar y recibir documentos aduaneros.

☐ SOL은 SUNAT Operaciones en Linea의 약어로 가상세관이라고 불리며, Aduanet는 Aduana(세관)와 Network의 합성어로 2곳 모두 전자정보 열람이 가능함
　ㅇ SUNAT 홈페이지에 회원가입을 하면 아이디와 암호가 무료로 할당되어 홈페이지에 있는 정보를 이용할 수 있는 전산서비스임
　ㅇ Aduanet은 영어버전도 제공되고 있으나 대부분의 정보는 스페인어 혹은 접속차단이 되는 등 정보 획득에 제한이 있음

☐ 페루는 우리나라와 세관상호지원협정을 통해 부정무역 단속을 위한 정보 교환 및 관세행정 발전을 위한 행정지원 협정을 맺는 등 대외 행정 교류에도 노력을 기울임
　ㅇ 세관당국 간 협력 증진을 통하여 밀수·마약 밀반입 등 부정무역 단속을 위한 정보를 교환하고, 직원 교류 및 기술적 정보 교환 등을 상호 지원하기로 함

2) 수입 금지 및 제한

□ 페루 상법상 규정된 형태의 회사는 별도의 무역업 허가 및 등록 없이 모든 전통 및 비(非)전통산품의 수출입을 행할 수 있고, 외국인에게도 제한이 없음

□ 페루는 자국 산업의 보호를 위해 중고제품, 방사능 관련 제품 등에 대해 수입을 금지하고 있음
   - ○ 5년 이상 수령의 중고 승용차, 8년 이상 수령의 3톤 이상 트럭 및 중고 자동차 부품
   - ○ 중고 타이어, 중고 의류 및 신발류
   - ○ 기준치 이상의 방사능을 포함한 식품류
   - ○ 방사능 폐기물 등 기타 위험 폐기물
   - ○ 염소 화합 살충제 및 그 부산물

〈표 Ⅲ-2〉 수입 제한품목의 사전 허가 승인기관

수입 제한 품목	수입 승인 기관 및 필요 사항
식음료 제품(화장품 포함)	위생청
무선통신 장비	교통통신부
코카인 추출 및 제조에 직·간접적으로 사용되는 화학제품 및 화학원료, 질산암모늄 비료	생산부
지도 및 관련 자료	외교부
전쟁 물자가 아닌 민수용의 무기 및 탄약, 폭발물	국방부
해산물 및 어패류	수산물검사소, 위생 적합 증명서 필요
식물, 동물을 원료로 한 완제품, 반제품, 농약 및 유사 제품, 수의학과 관련된 의약품	환경청
종자, 동식물, 축산물	수출국, 발행 검역 증명서 필요
희귀 야생 동식물 및 이를 이용한 제품	농업부
일반 의약품 및 특정 상표 의약품	보건부, 의약품 증명서 및 자유 상거래 대상 품목이라는 확인 필요

자료: SUNAT

□ 식음료 및 화장품, 무선통신 장비, 코카인 및 화학원료 등 특정 품목 수입 시 담당 행정부처의 사전 허가가 필요한 등 수입에 제한을 두고 있음
  ○ 그 외 일반 의약품 및 특정 상표 의약품을 수입할 시, 보건부 등록 번호 및 신청일자, 수입 물품 포장별 내용물 및 유효 기간, 수입업체 회사명 및 납세번호 등을 신고해야 함

3) 반덤핑 및 상계관세

□ 최근 덤핑 조사 제도가 더욱 강화되고 있는 추세임
  ○ 저가 수입상품의 범람으로 인해, 페루 국내 산업 보호를 위한 방안으로 시행됨

□ 2004년 한국산 직물에 대해 긴급수입제한 규제가 있었으나, 2005년 규제가 종료되었으며, 2012년 현재 공정거래위원회에 덤핑 제소된 품목 중에 한국 제품은 없음[38]

가) 담당 기관 및 제소

□ 페루의 반덤핑 및 상계관세를 담당하는 기관은 '덤핑 및 보조금 심의위원회'임
  ○ INDECOPI[39] 산하이며, 재경부(MEF) 장관이 지명한 5명의 위원이 업계의 제소를 심의함
  ○ 최종 조사결과는 재경부 차관에 의해 판정되며, 관보(El Peruano)에 게재됨

□ 페루의 반덤핑 및 보조금에 대한 조사는 수입상 및 제조업체, 관련기관의 제소로 개시됨

□ 제소자는 덤핑 상품의 국내 산업 피해 및 위협을 증빙 자료를 통해 입증해야 함
  ○ 일정 기간 중 덤핑 혐의 상품의 수입 물량 및 자국 생산 물량과의 비교 자료

---

[38] http://antidumping.kita.net/ 제소 및 규제내역 참조
[39] 한국의 무역위원회, 공정거래위원회, 소비자보호원, 특허청 등의 기능 보유

- 자국 상업의 생산량, 설비 가동률, 시장 점유율의 추이를 제시하여 덤핑상품의 피해 분석 자료
- 피해 발생 요인이 수출국의 덤핑 및 보조금에 있다는 것을 증빙하는 자료

나) 판결 및 조치

□ 동 위원회는 제소 품목의 자료를 수집하여 덤핑 혐의 유무를 결정하며, 덤핑 혐의를 발견하여 조사 개시의 사유가 있다고 판단 시 수출국 관계기관과 피제소 기업에 통보함
  - 제소품목의 국별 수입물량 추이 등 기초자료를 수집, 1개월 이내에 덤핑 혐의 유무를 결정함
  - 조사 개시는 관보(El Peruano)에 최초 공고하며, 이후 수출국 관계기관과 피제소 기업에 통보함

□ 조사 개시 후, 덤핑 및 보조금 혐의가 인정될 경우 조사가 종료되기 전에 상계관세를 부과할 수 있음
  - 무혐의 판정 시, 관세는 환급 조치함

4) 위험기반검사 및 지불이연제도

□ 새로운 웹기반의 EDI[40] 정보시스템을 통해 위험기반 검사 및 지불이연제도를 실행함으로써 무역 원활화 개선 결과를 가져옴
  - EDI 시스템 도입을 통해 서류 제출 및 통관시간을 단축함

□ 위험기반 검사(Risk-based Inspections)로 인해 세관에서 화물 검사하는 횟수가 줄어들었음
  - 아직 개선되어야 할 부분이 있으나, 위험기반 검사의 실행을 통해 신속 통관이 가능해짐

---

40) Electronic Data Interchange, 전자 자료교환 시스템으로 페루의 경우 SIGAD에 해당

□ 지불이연제도(Aplazamiento de Pago)는 수입관세와 제세금의 지불을 연장할 수 있어 통관소요 시간이 짧아짐
  ○ 과거에는 세금 지불이 완료되지 않았을 때 화물 반출이 불가하였지만 현재는 지불이연 제도를 통해 세금 납부 전이라고 해도 화물을 반출, 즉 보관창고에 방치하지 않을 수 있음

〈표 Ⅲ-3〉 지불 분할 및 이연 가능 기한

구 분	기 한
분할 납부	최대 72개월
지불 이연	최대 6개월
분할 납부+지불이연	최대 6개월 이연, 66개월 분할

자료: SUNAT

5) 페루의 항구와 공항[41]

□ 페루의 까야오(Callao)항구는 물동량이 가장 큰 국제항구로, 수도 리마(Lima)시에서 약 15Km 정도 떨어져 있음
  ○ 까야오항은 전통적으로 태평양 연안의 남미 항구인 칠레의 발빠라이소(Valparaiso)항과 항상 물동량 면에서 경쟁하는 위치에 있으며, 양 항구의 물동량 유치 경쟁 격화는 19세기 칠레-페루 태평양 전쟁의 원인이었음
  ○ 최근 항만 확장 사업을 위한 참가기업 선정 작업에 시간이 많이 걸리고 있음

□ 그 외에 남쪽으로는 자유무역지대와 연계한 마따라니(Matarani), 일로(Ilo), 따끄나(Tacna)항과 북쪽으로는 빠이따(Paita), 침보떼(Chimbote)항을 국제항구로 들 수 있음

□ 국제공항은 리마 소재의 호르헤 차베스(Jorge Chavez)공항과, 칠레와의 국경지역에 위치하고 있는 따끄나(Tacna)공항, 그리고 관광지이면서 볼리비아 방향 항공편의 국

---

[41] 페루 항만청 사이트 http://www.enapu.com.pe 참고

제공항으로 사용되는 꾸스꼬(Cusco)공항임
- ○ 따끄나 공항은 인근국의 항공화물을 운송하기 위해 주로 사용됨
- ○ 최근 호르헤 차베스 국제공항 확장을 위해 국제 컨소시움과의 양허 협상에서 2001년도부터 독일의 프랑크푸르트 공항 관리공단과 활주로를 2개선으로 확장하는 것을 골자로 30년간의 양허(Concession) 협정을 체결하고 내부 보수공사 등을 완성하여 남미지역 주요 공항으로서의 중요한 역할을 하고 있음

다. 수출입품에 부과되는 세금

1) 관세(Tariff)

□ 외국으로부터 수입되는 제품에 부과되는 주요 국세는 수입 관세, 부가가치세, 특별소비세 등임

□ 페루의 평균 관세율은 5.8%로, 종가세(Ad Valorem)를 기본으로 수입 물품에 따라 추가관세가 가산되어 부과됨
- ○ 페루의 종가세는 CIF 가격을 기준임

□ 페루 정부는 식품, 자본재, 육류, 유제품, 가전제품 등 4,224개 품목의 수입관세 인하 조치[42]를 시행하고 있으며, 관세율 체계는 0%, 5%, 9%, 17%의 4가지 종류임
- ○ 20% 관세 인하 조치를 취한 대상 품목은 밀, 쌀, 유제품 중 일부, 설탕, 가구 중 일부 등으로 총 103개 품목에 대해 관세를 인하함
- ○ 12% 관세 인하 조치를 취한 대상 품목은 건축자재, 자본재, 운송기기, 산업용 원부자재 등으로 총 391개 품목에 대해 관세를 인하함
- ○ 3% 관세 인하 조치를 취한 대상 품목은 육류, 유제품, 채소류, 과일류, 직물, 의류, 신발, 냉장고, 동물, 화훼류, 노랑색 옥수수, 식용유 등으로 전체 관세인하 품목 수의 88%인 총 3,730개 품목에 대해 관세를 인하함

---

[42] 법령 158-2007-EF(2007)

〈표 Ⅲ-4〉 페루 관세구조

(단위: %, 개)

기존 관세율	변경 후 관세율	대상품목 수	주요 품목
20	17	1,052	육류 및 육류가공제품, 유제품, 채소류, 과일류, 커피, 직물, 의류, 신발, 냉장고, 냉동고, 재봉기
20	0	40	밀, 쌀, 유제품 중 일부, 설탕
20	0	1	가구 중 일부
12	9	2,678	살아있는 동물, 화훼류, 노랑색 옥수수, 식용유, 생선통조림, 설탕, 카카오, 술, 담배, 광물, 화학제품, 튜브, 피혁제품, 목재, 종이, 실, 금속 시트, 귀금속, 가정용 기구, 차량, 장난감
12	0	364	건축자재, 자본재, 운송기기, 산업용 원부자재, 연료, 의류산업 원부자재, 책
17	5	27	기타
25	5	62	

주: 2007년 관세인하 조치 법령의 주요 내용
자료: 페루 경제부(MEF)

2) 그 외 수입부과금

□ 수입물품 통관 시 전 품목에 18%의 부가가치세(IGV)[43]를 일률적으로 적용함
  ○ 페루의 부가가치세는 국내에서의 재화 판매, 서비스 공급 및 이용, 건축 계약, 건설 회사에 의한 최초 부동산 매각 및 수입제품 등에 대해 부과함
  ○ 편의상 부가가치세 18%로 표현하고 있으나, 엄밀하게 구분하면 부가가치세는 16%이며 나머지 2%는 도시진흥세로 지방정부 재정 목적의 지방세임

□ 특별소비세(ISC)[44]는 WTO 협정 준수 및 세수 감소현상 심화로 2006년 이후 폐지되거나 일부 품목은 관세 인하됨
  ○ 적용 대상은 수송용 장비 부품(타이어 포함) 및 액세서리, 원심펌프, 맥주, 포도주,

---

[43] Impuesto General a las Ventas, 직역하면 일반판매세이며 한국에서는 부가가치세로 통용됨
[44] Impuesto Selectivo al Consumo(Selective Consumption Tax)

위스키, 포도즙, 대리석, 판석, 플라스틱 튜브 및 기타 건축자재 등임
○ 1998년 수입 자동차류에 대한 특소세를 큰 폭으로 인상해 왔으나 세수 증대는 일시적 현상에 그치고 이후 지속된 경기침체와 맞물려 세수 감소현상이 심화되면서 관세를 인하하는 것으로 정책방향을 선회함[45]

□ 특별소비세가 폐지된 품목 외에 담배, 가솔린, 등유, 가스유, LPG 등 일부 품목에 대해서는 특별소비세가 부과됨[46]

〈표 Ⅲ-5〉 품목별 특별소비세율

HS 코드	품 목	Nuevo Sol(통화)
2402.20.10.00	흑담배	개피당 S/.0.025
2402.20.20.00	버지니아社 스탠다드형 담배	개피당 S/.0.050
2402.20.20.00	버지니아社 프리미엄형 담배	개피당 S/.0.10
2710.00.19.00.01	84% 옥탄[1] 이하의 엔진용 가솔린	S/.2.05
2710.00.19.00.02	84% 이상 90% 옥탄 이하의 엔진용 가솔린	S/.2.68
2710.00.19.00.03	90% 이상 95% 옥탄 이하의 엔진용 가솔린	S/.2.95
2710.00.19.00.04	95% 옥탄 이상의 엔진용 가솔린	S/.3.25
2710.00.41.00	등유(Kerosene)	S/.0.47
2710.00.50.10	가스유 (디젤 2유)	S/.1.31
2710.00.50.90	가스유-디젤 2유 외 나머지	S/.1.31
2711.11.00.00	천연 LPG	S/.0.47
2711.12.00.00	프로판 LPG	S/.0.47
2711.13.00.00	부탄 LPG	S/.0.47
2711.14.00.00	에틸렌, 프로필렌, 부틸렌, 부타덴 LPG	S/.0.47
2711.19.00.00	All others	S/.0.47

주: 1) 옥탄(octane)은 가솔린 속의 정화탄화수소를 일컬음
자료: SUNAT

□ 만약, 수입품의 가격이 1,000달러이며, 9% 관세, 18%의 부가가치세가 부과되며, 특

---

45) KOTRA Globalwindow 페루 관세정책 참고
46) http://www.aduanet.gob.pe/aduanas/informag/tribadua.htm 참고

별소비세는 부과되지 않는다면 세관 서비스료와 세관 수수료를 합한 총세금은 약 354달러임

〈표 Ⅲ-6〉 수입품 세액 산출 예시

과세 종류	세율	금액
관세	9%	90=1,000×9%
부가가치세	18%	196.2=(1,000+90)×18%
세관서비스료	22달러	22달러(정액)
세관수수료[1]	3.5%	45.79=(1,000+90+196.2+22)×3.5%
총세금		353.99

주: 1) 세관수수료는 품목에 따라 다소 차이 있음
자료: SUNAT

라. 과세가격 결정과 세액 산정

□ 페루의 관세 평가는, 기본적으로 수출국에서 행해진 선적 전 검사서에 나타난 가격을 기초로 이루어짐
  ○ 관세부과 기준가는 CIF 수입가격을 기준으로 함
  ○ 선임, 보험료, 커미션[47], 수수료 등을 포함

□ 일부 고가제품 및 가격 파악이 용이한 제품의 경우, 수출국 검사기관의 확인서와 자체 보유 과세기준을 병행하여 기준가격을 산정함
  ○ 자동차 등 고가제품의 경우 각 모델별 관세 부과기준이 마련되어 있어, 자체적으로 보유한 기준가격이 존재함

□ 단, 5,000달러 미만의 수입의 경우 선적 전 검사가 면제되며 이 경우 상업송장 등 수입서류와 SUNAT이 자체 운영하고 있는 관세 평가제도를 토대로 적정 과세가격을

---

47) 수입물품이 수입항에 도착하기까지의 제비용

산정함

마. 관세 환급(RESTITUCION DE DERECHOS ARANCELARIOS) 제도[48]

가) 환급 대상 및 담당 부서

☐ 관세 환급이란, 제품을 수출하는 즉시 수출 제품의 생산 과정에서 사용되거나 소비된 제품의 수입에 부과된 관세의 전부나 일부를 환급받을 수 있게 하는 관세체계라고 정의함[49]

☐ 관세 환급 대상은 원재료를 가공하여 수출하는 산업, 재수출의 경우임
  ○ 원자재 수입 시 관세를 지불하고, 이를 가공하여 완제품으로 수출 시 이를 환급받는 관세 환급 절차를 운용함

☐ 재수출의 경우 관세 환급이 가능하며, 환급액은 경제부 평가에 따라 현금 혹은 유가증권 형태로 환불이 이루어짐
  ○ FOB 수출액의 5% 혹은, 품목의 1년 동안의 업체별 수출액 최고 2천만달러까지 받을 수 있음
  ○ 환급기준이 FOB가격의 퍼센트로 정해진 이유는 재수출 시 생산비용이 수입된 부품에 관세가 부과되기 때문에 이에 상응한 세금 부분을 환급하는 것임
  ○ 경제부는 매년 이 혜택에서 제외되는 수출품의 리스트를 발표(HS 코드로 표시)

☐ 수출품 생산을 위해 소비되거나, 수출품에 추가된 물건을 제3자를 통해 수입하거나, 수입된 물건을 국내에서 구입하는 수출업자는 수혜가 가능함

☐ 재수출의 환급 건은 재수출을 전제로 수입으로부터 1년 한도 내 일시 반입한 경우,

---

[48] DS No. 12-2004-EF 78-80항, Decreto Supremo 104-95-EF www.aduanet.gob.pe/aduanas/informag/leygen.htm
[49] 페루 관세법령 DS. 238-2011-EF

관세부과가 잠정 연기되어 재수출 시 관세 납부의무가 자동 말소되며, 수출을 전제로 수입하지 않았다 하더라도 수입물품 구매자가 이를 이용, 물품을 생산·수출하였을 경우 관세 환급이 가능함

□ 페루의 관세 환급 일반은 관세 및 국세 감독위원회(SUNAT)의 관세 집행 및 관세 기술 감독 관련 부서에서 담당함
  ○ Intendencia de Fiscalización y Gestión de Recaudación Aduanera(IFGRA)
  ○ Intendencia Nacional de Sistemas de Información(INSI)
  ○ Intendencia Nacional de Técnica Aduanera(INTA)

나) 제출 서류

□ 관세 환급 제출서류는 관세 환급 요청서, 관세 환급 대상 원자재 수입신고서 사본, 수출 신고서 사본 등임
  ○ 그 외 수출업체의 인보이스 사본(이미 수입된 원자재를 국내에서 구입한 경우), 보증서(관세 환급을 수출 다음날 지급받기 원할 경우)도 필요함

다) 위법 시 처벌

□ 재수출 건에 대한 환급 시, 법령이 부여하는 기한 내 보세 반입물품이 재수출되지 않을 경우 물품 몰수 및 벌금이 부과됨
  ○ 보세물품의 사전 신고 없이 제3자에게 양도하였을 경우 관세의 3배를 벌금으로 부과함

바. 표준 및 인증

□ 페루의 표준, 검사, 라벨링 및 인증 관련 대표적인 기관은 INDECOPI[50]이며, 그 외

---

50) http://www.indecopi.gob.pe 참고(번역: National Institute For Defense of Competiton And Protection of Intellectual Property)

정부 각 부처에서 담당하고 있음

☐ INDECOPI는 석유 및 관련제품, 폭발물 등 해당 품목에 한해 품질규격을 규정하고 있으며, 이러한 규정이 강제 사항은 아니지만 준수를 권고하고 있음
  ○ 석유뿐 아니라, 기타 안전 표지판 등 각종 표지판의 모양, 색상, 규격, 위치 등에 대한 사항을 명시하고 있음

☐ 일부 품목을 제외한 여타 품목의 경우, 모든 규격에 대해 수입 및 판매가 자유로운 편이며, 대체로 소비자가 요구하는 규격이 표준으로 정착되고 있음
  ○ 표준 규격과 관련, ICONTEC 연구소[51]는 모든 수출입 제품의 품질 측정 기준을 ISO 9001 인증서 2000년 버전으로 정함

☐ INCOTEC 연구소뿐 아니라, 까야오(Callao)항과 호르헤 차베스(Jorge Chavez) 공항 또한 동 인증서에서 준하는 수출입 인증 서비스를 대행하고 있음

☐ 기본적으로 정부가 품질 기준을 의무적으로 부과하지 않으며, 일반 공산품이나 산업 제품에 적용하는 인증 기준 또한 없음
  ○ 국내 시장의 필요성에 따라 수입품 품질의 고서가 결정됨

☐ 그러나 정부입찰의 경우 인증 기준이 규정되어 있으며, 특히 의약품의 경우 우수제조기준(BPM)[52]이 없으면 판매가 불가함
  ○ 다수의 중국 제약업체가 품질기준에 미달해 불합격 처리된 사례가 있으며 현재 중국산 호흡기 질환제, 빈혈 항생제를 페루에서 판매할 수 없음
  ○ 이에 따라 중국의 70개 제약업체가 우수제조기준을 상실하게 되어 앞으로 페루시장에서 약품 판매가 불가능

---

51) 페루의 지적재산권 보호기관인 INDECOPI에 속한 연구소로 수출입 품질 측정기준을 결정하는 기관임
52) Buena Practica de Manufactura, 페루 약품법 제29459호

사. 세관의 보충적 제도

□ 임시 반입 제도[53]는 '능동적 완성' 제품에 한해 수입상품 관세 부과를 보류하는 제도로 최대 24개월 동안 관세 부과가 보류됨
  ○ 능동적 완성의 종류는 원자재, 재료, 비완성품의 물리적, 화학적 변형, 생산, 변형되는 모든 물건, 둘 이상의 물건의 조립, 수출품의 포장, 포장 재료임
  ○ 능동적 완성의 성립 요건은 상기 종류의 활동을 위해 수입하는 물건, 신청하는 회사가 합법적으로 설립되고 해당 기관에 등록되어 있어야 하며, 보류되는 세금에 대한 보증이 필요한 경우임

〈표 Ⅲ-7〉 능동적 완성 제품에 대한 임시 반입제도

코 드	의제	시행일
INTA-CR.78.2000/SUNAT/A	보증 관리 (Control y Custodia de Garantías)	2000년 12월 2일
INTA-CR.04.2004/SUNAT/A	통관 정상화 및 물품 압수 시 임시수입 (Regularización de las declaraciones de admisión o importación temporal cuya mercancía se encuentre en situación de comiso administrativo)	2004년 3월 18일
INTA-CR.07.2004/SUNAT/A	가격인증보고서(IDV) 이용 (Utilización del Informe de verificación - IDV)	2004년 6월 12일

자료: SUNAT

---

53) Perfeccionamiento Activo, DS No. 129-2004-EF 세관법 70-75항

2. 페루의 통관 절차

가. 수입 통관 절차

□ 페루의 수입통관은 도착한 수입물품이 하역 뒤 보세구역에 반입되면 ① 수입신고 → ② 수입신고 및 세금 납부 → ③ 물품 심사 → ④ 물품반출의 순서로 진행됨
  ○ 수입통관 시 통관사 및 화주, 수취인 등이 통관권자가 될 수 있음

□ 수입신고 이후부터 물품반출까지 수입물품의 세관 통관에 약 1주일 내외의 기간이 소요됨
  ○ 물품 도착 후, 수입신고서 제출 이후 세금고지서를 처리하기까지 24시간이 소요되고, 관련 과세는 3일 이내에 납부해야 함
  ○ 수입 검사 대상 품목은 1~2일 간의 검사기간이 추가 소요되며, 수속 완료 후 물품 반출에 1~2일의 시일이 소요됨
  ○ 전체 수입신고의 57%는 5일, 16%는 5.6일, 13%는 7.2일, 나머지는 9일 이상의 통관 소요시간이 걸림[54]

□ 수입신고서는 페루 현지에서 DUA[55]라고 불리며, SUNAT 홈페이지에서 전산으로 신고하거나 혹은 세관에 직접 서류 방식으로 제출할 수 있음
  ○ SUNAT 웹사이트 접속을 통한 수입신고는 업무 요일 혹은 시간 제한 없이 신고 가능함

□ 수입신고서가 접수되면 통관자동관리시스템(이하 SIGAD)에 전자 전송되고, 이때 수입신고서에 고유 번호가 생성됨
  ○ SIGAD 시스템의 정보 기입란 중 '목적지(Destinacion)'라고 표시된 네모에 10자리 수입신고 코드를 입력하면 화물도착 유형별[56]로 기입됨

---

[54] SUNAT의 보도자료 참고
[55] Declaracion Unica de Aduana

□ 수입신고서가 제출되면 세관은 접수서류가 제출서류지침서(GED)[57] 내용과 일치하는지 확인하고 서류접수증명 BED(Boleta de Entrega de Documentos)에 접수인을 날인하여 신청자에 교부함

□ SUNAT의 SIGAD상에 적하목록 번호를 입력하면, 선하증권(B/L)의 정보를 확인할 수 있음
  ○ 적하목록 번호를 입력 후 'consultar' 버튼을 클릭 → 선하증권 정보 확인 가능

[그림 Ⅲ-4] SIGAD을 통한 선하증권 정보 확인

□ 수입 통관 시 요구되는 필수 서류는 총 7개며, 그 외 수입물품에 따라 필요한 서류는 사전 확인하여 제출해야 함
  ○ 수입신고서(DUA, 필수)
  ○ 상업송장(필수)
  ○ 선적증명서(필수)

---

56) Anticipado, Urgente, Excepcional 세 가지 형태 존재
57) Guía de Entrega de Documentos

○ 선적 전 검사증명서(필수)
○ 보험증권(필수)
○ 세금납부 영수증(필수)
○ 성실신고 확인서(필수로, 제시류 기재 사항에 허위가 없음을 서약하는 내용의 서류)
○ 원산지 증명서(안데안 회원국 및 LAIA 회권국으로부터 특혜관세 수입의 경우)
○ 품질증명서(의약품 등의 경우)
○ 검역증명서(동식물의 경우)

□ 수입신고서에는 상품 금액, 수량, 원산지, 물품구성 원자재, 관세분류 세번 등 기입
  ○ 페루는 HS 코드 10단위를 사용함(código de 10 cifras)
  ○ 안데안 국가와의 무역에 있어서는 8단위까지만 표시함(ocho cifras)
  ○ HS 코드 조회는 관세청 및 무역협회 홈페이지를 참고[58]
  ○ 페루 현지에서는 HS 코드를 무료로 조회할 수 있는 사이트가 없음[59]

□ 원산지 증명서의 경우, 수출국 관계당국이 원산지 증명서를 발급해 확인하는 방법인 기관증명 방식을 택하고 있음
  ○ 개성공단에서 생산된 시계·가전 등 100여 개 품목도 한국산 원산지로 인정됨

□ 의료기기, 의료용품, 의약품 수입 시 의약사국(DIGEMID)[60]에 사전 수입 허가를 받아야 하며, 수입 허가를 받는 데 약 한달 정도 걸림
  ○ 한번 등록된 의료제품의 허가 유효기간은 5년이므로, 5년 뒤 재허가 신청을 해야함

□ 수입 신고가 완료되면 SUNAT은 SIGAD 시스템을 통해 납세자에게 납세고유번호(RUC)

---

58) www.customs.go.kr, www.kita.net
59) 코트라 페루 리마KBC의 경우에도 사설 웹사이트에 비용을 지불하고 있음
60) Direccion General de Medicamentos, Insumos y Drogas, 보건복지부 산하

를 부여하는데, 이 번호에 따라 금융기관 및 세관에 관세 및 제세금을 납부하게 됨
  - 세금 납부 현황은 RUC 번호 혹은 DUA 번호를 입력하면 SUNAT에서 조회 가능함
  - 관세 외에도, 반덤핑 관세, 품목별로 적용 여부가 결정되는 특별소비세 역시 자동적으로 표기됨
  - 수입신고서의 전산처리 이후, 서류접수 24시간 이내에 세금고지서를 발행하며 검사 대상품목에 대해서는 동 사실을 세금고지서에 표기하여 통보함

□ 일반적으로 Lima의 경우 18%의 부가가치세가 부과되지만, 자유무역지역의 경우 관세, 부가가치세 등이 면제됨

□ 관세 및 제세금, 과징금 등은 반드시 납부해야 하며, 규정[61]에 따라 관세와 벌금은 현금, 은행에서 승인한 수표 혹은 전자결제로 지불할 수 있음

□ 페루 SUNAT 웹에 연결된 인터넷서비스로 수입 품목에 해당하는 관세율, 부가가치세율, 특별소비세율, 특별법 및 반덤핑 법에 위배되는지 여부, 그 외 관련협정 및 수입제한 여부 등의 정보 열람이 가능함
  - 정보열람 방법은 SUNAT상의 Aduanet에 접속[62] → 'Codigo'[63]에 HS 코드 6단위 입력 → 'Consultar' 버튼 클릭 → 해당 관세율 및 기타 수입 제한 등의 정보 열람이 가능함

□ 적격 서류만을 대상으로 처리순서인 일련번호를 부여하며 동시에 부과대상 관세 산정, 수입검사 대상물품을 표본 추출한 후, 각 서류를 중앙은행, 관세 수납처 등 관련기관에 이송함

□ 통관 신고를 위한 심사 유형이 시스템 상에서 결정되며, 통관 검사 채널(3색 채널)이

---

61) Ley aduanero art. 160
62) http://www.aduanet.gob.pe/itarancel/arancelS01Alias
63) 한국어로 코드를 뜻함

배정됨
- ○ 녹색 채널(Canal verde)
  - 심사 과정이 없으며, 관세 및 제세금 납부 후 고속 통관
  - 검사는 생략되나, 선적 서류 원본을 화주 자격 증빙으로 제출해야 물품을 인도해 갈 수 있음
- ○ 주황색 채널(Canal naranja)
  - 선적서류 등 서류심사(Revision documentaria)를 거쳐 제세 및 통관료를 납부하며, 서류 심사에 2~4시간 정도 소요됨
- ○ 적색 채널(Canal rojo)
  - 서류 및 물품 검사, 실물 검사(Reconocimiento fisico)까지 받아야 하는 가장 까다로운 채널로, 화물 심사에 이상이 없으면 2.2일, 이상 발생 시 4.7일이 소요됨

☐ 수입 검사 대상 물품의 경우 신청인은 검사관과 함께 세관 물품창고에서 실물 검사를 받아야 함
- ○ 기부 물품, 원호 물품, 관세 구역에 일시 예치 품목 등의 경우 수입 검사하지 않음

☐ 검사관은 서류 하자 및 관세 납부 여부를 확인하고, 실제 물품을 검사 확인서와 함께 비교하여 측정된 관세와 적합한지를 검사하게 됨
- ○ 만약 검사 확인서가 없어 과세 결정이 어려운 경우, 세관이 자체 보유한 관세 평가 금액을 통해 물품을 검사함

☐ 수입검사가 종료되면 검사관은 모든 수입서류에 검사확인 날인을 하여 수입물품 출고처로 이송하며, 이후 통관신청자는 관세납부 필증을 지참, 출고처에서 물품을 인수할 수 있음
- ○ 수입검사 제외 물품은 동 과정을 생략하고 출고처로 이송함
- ○ 가능한 48시간 이내 반출되며, 수입 전 사전신고, 부두 직통관 및 세액 결정 전에 화물 반출을 승인함

[그림 Ⅲ-5] 페루의 수입통관 절차

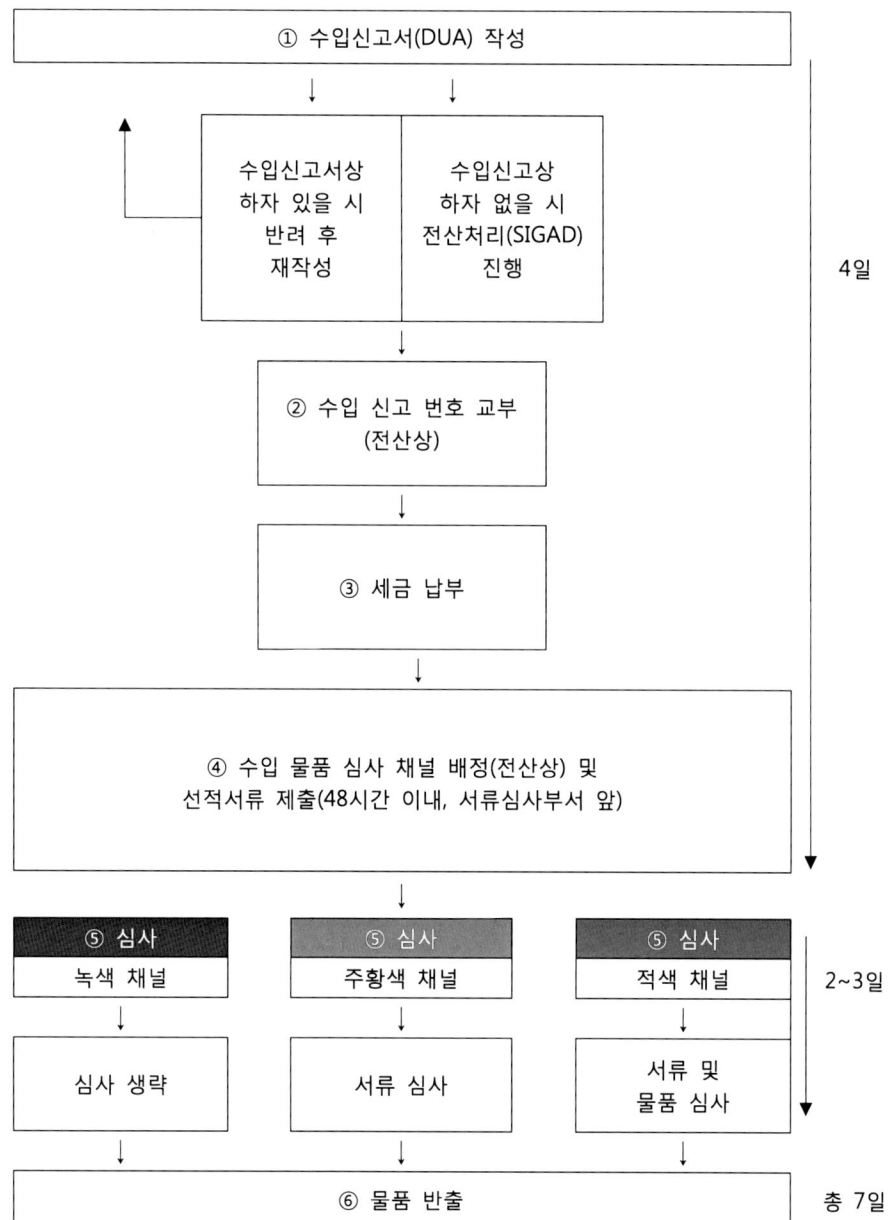

자료: SUNAT 및 외교통상부 한·페루 FTA협정문 제5장 통관절차 인용 저자 작성

나. 통관 관련 법규 위반 시 제재 등

☐ 수입업자는 수입신고서 제출 시 수입 물품과 관련된 모든 사항을 성실히 기재할 의무가 있음

☐ 신고서와 기타 서류 혹은 신고서와 실제 물품에 가격, 수량, 품질 등의 차이가 발견될 경우 벌금 부과로 제재를 가할 수 있음
  ○ 전체 물량 및 가격에 대한 불성실 신고로 수입 금액이 차이가 날 경우 탈세 기도 금액의 5배 벌금이 부과됨

☐ 수량 및 품질, 상품 종류에 차이가 있을 경우 UIT[64]단위로 책정된 벌금이 부과됨
  ○ UIT는 관세 부과 단위로, 연간 고시되며 2012년 기준 1 UIT는 900달러 상당임

☐ 원산지를 안데안 국가 등 관세면제 지역으로 사실과 다르게 기재하여 관세 포탈을 기도한 경우 정상 관세액의 2배를 벌금으로 부과함

☐ 지방 세관이 부여한 봉인물(Seal) 또는 기타 안전장치를 파손했을 때는 FOB 기준에 따른 화물가의 3배에 상당하는 벌금이 부과됨
  ○ 벌금형에 처한 업체는 페루의 외국 무역업자 등록부상에 등록이 취소 또는 정지됨

---

64) Unidad Impositiva Tributaria, 관세부과 단위임 www.sunat.gob.pe/indicestasas/uit.html 참고

Ⅳ. 통관 절차별 고려 사항

〈표 Ⅳ-1〉 페루 통관 절차별 유의 사항

단 계	유의 사항
1. 수입 신고 전 준비	○ 식음료, 의약품 등을 비롯한 11개 제품군은 수입 시 품목별 해당 기관의 사전허가가 필요하므로, 수입품목별 승인기관을 확인 ○ 한·페루 FTA 세율을 적용받기 위해서는, 기관 발급 원산지 증명서 구비 ○ 수입 관련서류와 원산지 증명서 간 불일치 발생 시 협정에 따라 수정 요청 또는 접수를 거부할 수 있음에 유의 ○ 수입신고 접수 여부는 서류접수증명(BED) 수령 여부를 통해 확인 ○ 선박에 적재되어 있는 모든 화물의 적하목록상에 빠짐없는 기재 요구
2. 수입 신고 및 세금 납부	○ 수입 신고 시 오류를 피하기 위해 통관자동관리시스템(SIGAD)을 전산상 수입신고 정보를 조회하길 권고 ○ 수입자는 신고·납부 번호(RUC)에 따라 관세 및 기타 제세금 납부 ○ 따끄나(Tacna)세관의 경우 납세고지서를 수령한 3일 이내에 금융기관에 납부해야 하며, 기한을 넘길 경우 세관에 직접 찾아가 납부 ○ 이끼또스(Iquitos), 뿌깔빠(Pucallpa)지역 수입자는 부가가치세가 면제 ○ 세금 납부현황은 SUNAT 홈페이지의 Aduanet에서 조회 가능 ○ 공항, 항구별 수입화물 무세 예치 기간, 화물창고 비용, 기간별 부과세율을 페루 항만청에서 조회하여 관련비용을 미리 계산 가능
3. 물품 심사	○ 세관의 화물선별 시스템은 화물을 녹색, 주황색, 적색의 3색 채널로 분류하며, 적색 채널의 경우 세금 납부 이후 물품 검사를 실시하므로 서류와 화물상의 정보가 다를 시 벌금 부과 ○ 신고가격이 의심스러운 경우 세관에서 가격과 관련된 추가 서류를 요구할 수 있으며, 만약 불성실 신고 시 수입신고 반려, 벌금 부과 등에 유의 ○ Callao세관의 경우 수입신고서의 5%를 표본 추출하여 검사 ○ 세관의 업무시간은 오전 9:00~12:30, 오후 14:00~16:00로 오후 늦게 세관에 업무 요청 시 받아들여지지 않으므로 주의
4. 물품 반출 및 환급	○ 원자재를 수입하여 수출용 물품 제조에 사용하는 경우, 제품을 수출한 후 관세 환급 가능 ○ 물품의 수출은 원자재의 수입일로부터 1년 이내에 이루어져야 하며, 수출한 날로부터 6개월 이내에 환급 신청 ○ 재수출 건에 대한 환급 시, 법령이 부여하는 기한 내에 재수출되지 않을 경우 물품 몰수 및 벌금 부과

1. 수입 신고 전 준비

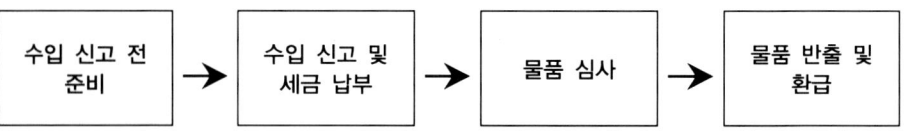

가. 통관 절차상 특이사항

□ 페루로 수출하는 물품에 대하여 한·페루 FTA 협정 세율을 적용받기 위해서는 반드시 협정에 따른 원산지 증명서(C/O, Certificate of Origin)를 구비해야 함
  ○ 개성공단에서 생산된 시계·가전 등 100여 개 품목도 한국산 원산지로 인정됨
  ○ 원산지 증명절차는 협정 발효 후 5년간 '기관증명'을 원칙으로 하되 인증수출자 등에 대해 '자율 증명'을 허용하고 5년 후에는 자율증명으로 전환할 예정임

□ HS 품목 코드에 따라 관세율이 달라지므로 품목 분류는 어느 국가에서건 가장 민감하며, 분쟁이 많은 이슈 중의 하나임

□ 물품을 수입하는 선박회사의 경우 전자양식에 추가하여 서류양식으로 입·출항 시 적하목록, 반출적하목록(Outgoing Manifest)을 제출하고, 선적·양하 완료일을 보고해야 함
  ○ 타 목적지로 운송되는 화물에 대해서도 적하목록을 요구하며 적하목록상에 기재되지 않은 화물은 압수와 함께 벌금이 부과됨

□ 검수서류(Tally Notes)의 경우, 손상된 화물목록을 발행하지 않거나 과부족 양하에 관한 검수서를 발행하지 않은 경우에는 운송인에게 벌금이 부과되므로 사전 확인이 필요함
  ○ 선적화물목록을 제출해야 하며, 목록과 불일치하는 품목은 압수 처리됨

□ 세관에서는 접수서류 신청인이 전문 통관사가 아닌 경우 1차 서류 검사반의 점검을 통해 전산 처리반에 전달함
  ○ 전산 처리반에서는 동 자료를 전산입력, 우선 서류내용의 하자 여부를 점검하며 하자 발견 시 신청인에 반송되어 익일 재접수시키도록 조치함

□ 일반 의약품 및 특정 상표 의약품 수입 시 관련기준에 대한 서류 및 신고가 필요함
  ○ 보건부 등록 번호
  ○ 신청 일자
  ○ 수입 물품 포장별 내용물 및 유효 기간
  ○ 수입업체 회사명 및 납세 번호 등을 신고
  ○ 세계보건기구 품질 보증 협정에 가입한 수출국 관련 기관의 의약품 증명서
  ○ 자유로운 상거래 대상 품목이라는 수출국 관련 기관의 승인

□ 관련 부처의 사전허가가 필요한 수입물품 품목은 식음료, 무선통신장비, 지도 및 관련 자료 등이 있음
  ○ 식음료 제품(화장품 포함): 위생청 사전 허가
  ○ 무선통신 장비: 교통통신부 사전 허가
  ○ 지도 및 관련 자료: 외무부 허가
  ○ 전쟁 물자가 아닌 민수용의 무기 및 탄약, 폭발물: 내무부 허가
  ○ 해산물 및 어패류: 수산물 검사소(CERPER)의 위생 적합증명서
  ○ 식물, 동물을 원료로 한 완제품, 반제품: 환경청 신고
  ○ 농약 및 유사 제품: 환경청 신고
  ○ 수의학과 관련된 의약품: 환경청 신고
  ○ 종자, 동식물, 축산물: 수출국 발행 검역 증명서
  ○ 희귀 야생 동식물 및 이를 이용한 제품: 농업부 발행 허가서
  ○ 일반 의약품 및 특정 상표 의약품: 보건부 허가

나. 애로 사례

□ 페루로 수출하는 품목이 덤핑방지관세 부과 등 규제 대상 품목인지 여부를 확인하지 못한 채 수출을 하였다가, 당해 제품이 덤핑방지관세 부과대상품목이었음이 밝혀져 수입상의 수입 거부로 인해 물품이 다시 한국으로 반송된 사례가 있음

□ 이미 거래하는 페루 수입업자가 같은 의료기기 제품을 등록했다고 하더라도 다른 업체가 수입할 경우에는 마찬가지로 위생등록 인증서(Certificado de Registro Sanitario) 발급을 신청하여 사전 허가가 필요함
  ○ 한국의 K업체는 의료기기에 대한 사전 수입허가를 받은 페루의 A업체에게 의료기기를 수출하여서 통관상 문제가 발생하지 않았음. 하지만 K업체는 페루에 동일 상품을 판매하였기 때문에 동일 의료기기에 대한 사전 수입허가를 받지 않은 B업체에 같은 의료기기를 수출했는데 세관에서 통관하지 못했음. 즉, 의료기기 수출업자는 같은 국가에 동일 제품을 판매했더라도, 수입자가 의료기기에 대한 사전 수입허가를 받았는지 여부를 항상 확인해야 함[65]
  ○ 모든 절차는 약 30일 소요되나 추가 정보를 요청할 경우 최장 60일까지도 소요되므로, 장시간 소비를 방지하기 위해 초기 신청 시 ISO 2000 혹은 CE 등 각종 국제 인증서와 상세한 제품 카탈로그를 첨부하는 것이 중요 포인트임

다. 업무상 유의점

□ Tacna 자유무역지역을 통한 중고차 수입은 이미 2010년을 기해 끝났으며, 일로(Ilo)와 마따라니(Matarni)라는 지역을 통한 중고차 수입은 허용하고 있으나 이것도 2012년까지임
  ○ 중고차 허용기준은 주행거리 80,000km 이하이며, 충돌 등의 문제가 없는 가솔린 차임

---

[65] KOTRA 리마 KBC Q&A 참고

□ 페루는 의료기기, 의료용품, 치과기기, 치과용품 그리고 의약품 수입 시 의약사국 (DIGEMID)[66]에 사전 수입 허가를 받아야 하며, 모든 절차는 1개월 정도 소요됨
  ○ 의료기기, 부품 및 부속품 등의 품목을 수입하기 전, 수입업체가 수입 희망 제품의 스펙을 가지고 수입 허가신청을 해야 함
  ○ 의료기기 허가 신청을 위한 제출 서류
    - 동 기관 제공 소정의 신청서
    - 품목명, 및 의료기기 설명서(상세 스펙 및 재료)
    - 제조원 정보(회사명, 제조사명, 국가명)
    - 원산지에서 정상 거래되고 있음을 증명하는 증명서
    - Certificate of Free Sale 및 각종 국제 인증서 등
    - 입금증(340솔, 약 110달러)
    - 스페인어로 된 사용 설명서
  ○ 의료기기 인증기관 연락처
    - 주소: Av. Arenales, cuadra 13, s/n, Jesus Maria, Lima
    - 전화: 265-8777, 265-8780
    - 이메일: postmast@digemid.minsa.gob.pe
    - 홈페이지: www.minsa.gob.pe/infodigemid
  ○ 한번 등록된 의료제품의 유효기간은 5년임

□ 수입하는 제품이 사전 허가 등록이 되어 있는지 미리 확인하고 싶다면 'Solicitud en Mesa de Partes'라는 서류를 의약사국(DIGEMID)에 신청해야 함
  ○ 수입허가 등록제품의 확인은 수입 회사 이름이 아닌 제품 명칭을 제시하여 등록 여부를 확인할 수 있음

□ 선박에 적재되어 있는 모든 화물에 대해서 적하목록상에 빠짐 없는 기재가 요구됨
  ○ 선박에서는 페루 입항 48시간 전에 화물에 대한 적하목록과 부식목록을 제출해

---

[66] Direccion General de Medicamentos, Insumos y Drogas로 보건복지부 산하, www.minsa.gob.pe/infodigemid 참고

야 함
- ○ 그러나 한 항차가 48시간보다 짧을 경우에는 이전 기항지의 적하목록을 페루로 출항하기 전에 제출해야 함

□ 한·페루 FTA 특혜세율 적용을 위한 특혜 관세율 검색 및 HS 코드 확인은 관세청 FTA포털[67])에서 가능함
- ○ 우리나라 관세청 FTA포털에서 확인하는 경우 첫 페이지 하단 '세율 및 원산지 결정기준' → '수출' 선택 → '페루' 선택 후 HS 코드 입력하여 확인 가능

□ 페루로 물품을 수입함에 있어 한·페루 FTA의 협정 세율을 적용받기 위해서는 본 협정에 따라 원산지 증명서를 반드시 구비하여야 함[68])
- ○ 한·페루 FTA의 원산지 증명서는 기관이 발급하도록 규정하고 있으므로, 정해진 기관인 대한상공회의소와 세관에서 발급받아야 함
  - 대한상공회의소 무역인증서비스센터[69]) 또는 관세청 전자통관시스템 유니패스[70])에서 원산지 증명 신청 및 증명 관련 각종 정보 취득이 가능함

□ 불일치 사항으로 원산지 증명서를 인정받지 못하게 되면, 증명서 재발급 또는 정정으로 인해 통관의 지연 발생 또는 특혜 관세 적용이 불가할 수 있음에 유의
- ○ 불일치 사항이나 잘못된 내용이 없도록 원산지 증명서 발급 시 현품과 서류 간의 일치성을 면밀히 확인해야 함

□ 페루로 물품 수출 전, 해당 품목이 덤핑방지관세 부과 등 규제 대상 품목인지 여부를 확인할 필요가 있음
- ○ 덤핑방지관세 등이 부과되는 경우 수입자는 통관을 위해 예상치 못했던 많은 세

---

67) http://fta.customs.go.kr
68) 작성 요령은 부록 참고
69) http://cert.korcham.net
70) http://portal.customs.go.kr

Ⅳ. 통관 절차별 고려 사항 73

금을 내야 하거나, 현지 수입상이 수입을 거절할 경우 물품이 한국으로 반송되는 경우가 발생할 수 있으므로 규제 사항을 사전에 확인해 보는 것이 좋음

☐ 한국무역협회 통상·수입규제 홈페이지[71]에서는 세계 각국의 통상 현안을 비롯하여 국가별 반덤핑 및 상계관세 부과 정보 등 다양한 관련 정보를 제공하고 있음

〈표 Ⅳ-2〉 한·페루 FTA협정에 따른 원산지 증명서 양식

CERTIFICATE OF ORIGIN ORIGINAL

1. Exporter's name and address:	Certificate No.:
2. Producer's name and address:	CERTIFICATEOFORIGIN FormforKorea-PeruFTA
3. Consignee's name and address:	Issued in _____ (see Overleaf Instruction)

4. Means of transport and route (as far as known): Departure Date: Vessel/Flight/Train/Vehicle No.: Port of loading: Port of discharge:	5. Remarks:

6. Item number (Max 20)	7. Number and kinof packages; description of goods	8. HS code (Six digit code)	9. Origin criterion	10. Gross weight, quantity (Quantity Unit) or other measures (liters, m³, etc.)	11. Number and date of invoice

12 Declaration by the exporter: The undersigned hereby declares that the above details and statement are correct, that all the goods were produced in (Country) and that they comply with the origin requirements specified in the FTA for the goods exported to (Importing country) Place and date, signature of authorized signatory (장소 및 날짜, 권한있는 서명권자의 서명)	13 Certification: On the basis of control carried out, it is hereby certified that the information herein is correct and that the goods described comply with the origin requirements specified in the Korea-Peru FTA Place and date, signature and stamp of authorized body (장소 및 날짜, 수임기관의 서명 및 소인)

자료: 대한상공회의소

---

71) http://antidumping.kita.net

○ 한국무역협회 기본 홈페이지[72])에서는 하단 '사업별 사이트' 메뉴 중 '통상 수입규제'로 접속 가능함
○ 현재 페루가 반덤핑관세 등의 규제를 가하는 품목 확인을 위해서는 'KITA 통상·수입규제' 홈페이지 상단 메뉴 중 '수입규제 현황' → '주요국 제소 및 규제내역' → '아시아'에서 페루의 내용을 점검할 수 있음
  - 또한 '수입규제 현황' → '국가별 현황'에서는 필요 정보 지정 후 검색 기능을 통해 영문 품명과 정확한 HS 코드 등 보다 세밀한 정보를 확인할 수 있음
○ 그 외에 WTO에서 반기별로 공개하는 국가별 규제 동향도 살펴 볼 수 있는데, 이는 '통상·수입규제' 사이트 상단 메뉴 중 '각국 규제 동향'에서 확인 가능함

2. 수입 신고 및 세금 납부

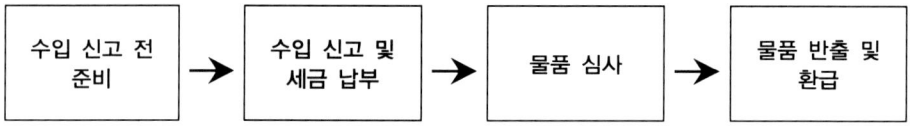

가. 통관 절차상 특이사항

□ 관세청 웹사이트 접속을 통한 수입신고는 업무 요일 혹은 시간 제한 없이 가능함
  ○ www.sunat.gob.pe 접속 → Aduaneros컨텐츠의 SIGAD 클릭 → SOL정보입력

□ 수입신고 후 SUNAT에서 교부하는 납세고유번호(RUC)에 따라 관세 및 제세를 납부함
  ○ 납세번호 발급을 위해 회사 및 개인정보 등 관련 서류들이 필요함
    - 페루 산업 등기청 (SURARP)에 신청할 정관 및 자본납입증명서
    - 재정 소재지 수도 전기세 영수증

---
72) www.kita.net

- 페루 국세청에서 제공하는 일정 양식서
- 신분증
- 사무실 임대차계약서 및 부동산 소유주 증명서
○ 만약 본인이 아닌 제3자 대리인이 납세자등록을 신청할 경우 법정 대리인이 부여한 위임장과 대리 신청인 신분증 원본을 제시해야 함

□ Tacna 세관에서 발행하는 납세고지서를 수령한 신청인은 3일 이내에 금융기관에 납부해야 하며 기한을 넘길 경우 세관에 직접 납부해야 함
○ Tacna 세관은 검사증명서 첨부 수입신고서의 30%, 미첨부 신고서의 100% 납세고지서를 전산 출력하고 이에 검사 대상 여부를 명시하여 신청인에 발송함
○ Tacna는 페루 남쪽 Tacna항구에 있으며 이 지역의 자유무역지대로 인해 물동량이 많음

나. 애로 사례 및 업무상 유의점

□ 페루 바이어의 사업장이 Iquitos, Pucallpa 지역일 경우 부가세 면제이며 Lima일 경우 18%가 부과됨
○ 페루의 부가가치세율은 18%이나 지역에 따라 면제 혹은 환급이 가능함

□ SUNAT에서 세금납부 현황(Liquidacion de Cobranza)을 조회할 수 있음
○ SUNAT[73] 접속 → 세관 선택 → 수입 해당 연도 선택 → 수입 유형 선택 → DUA 번호 입력 → 'consultar' 버튼 클릭

---

73) http://www.aduanet.gob.pe/aduanas/informao/HR96Liqcob.htm

[그림 Ⅳ-1] 세금납부 현황 조회처

□ 수입화물 무세 예치 기간, 화물창고 비용, 기간별 부과 세율은 페루 항만청 자료를 참고하면 됨
  ○ 항만청 사이트 접속[74] → 수입물품 도착 하역항 검색 → 물품 예치 기간, 각 서비스(하역 등)비용 참고
  ○ 예를 들어, Ilo 항의 수입화물 창고 무세 예치기간은 15일이며, 하역 비용은 다음과 같음

---

74) http://www.enapu.com.pe/spn/tarifario_DESCARGA.asp

<표 Ⅳ-3> 페루 Ilo항의 하역 서비스별 부과 요금

(단위: 달러)

	요금	부가가치세	부가가치세 포함 요금[1]
톤(Ton)			
LCL 건	4.00	0.72	12.53
화물 하역 건	25.00	4.50	78.32
고체 벌크 화물 건	2.00	0.36	6.27
액체 벌크 화물 건	1.00	0.18	3.13
컨테이너			
20피트 물품 적재된 컨테이너	60.00	10.80	187.97
20피트 빈 컨테이너	15.00		39.83
40피트 물품 적재된 컨테이너	90.00	16.20	281.96
40피트 빈 컨테이너	25.00		66.38

주: 1) 1달러=2.655솔 환율 적용(2012.5 기준)
자료: 페루 항만청

3. 물품 심사

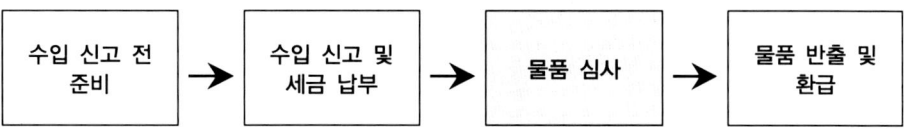

가. 통관 절차상 특이사항

□ 심사 채널이 배정되면 온라인상 서류 접수시점으로부터 선적서류를 48시간(근무일 기준) 이내에 해당 세관 서류심사부서에 제출해야 함
　○ 수입신고를 하면 세관에 자동적으로 전산상에 채널이 배정됨

□ 일부 물품은 수입 검사 시 제외됨
  ○ 기부 및 원호물품, 외교관의 최초 이사 물품, 관세 구역에 일시 예치 품목, 재수출을 위한 일시 반입 원자재 등

□ 적색 검사 채널로 배정된 수입물품은 물품 검사 시 표본 추출 방법으로 심사됨
  ○ Callao 세관은 첨부 수입신고서의 5%, 미첨부 신고서의 30%를 추출 검사함
    - 1일 접수된 선적 전 검사증명서 첨부 수입신고서의 5%
    - 검사 증명서 미첨부 신고서 및 통관사를 통하지 않은 신고서의 30%
  ○ 지방세관의 경우 하루 5건 이상 접수될 경우 접수건의 50%, 5건 미만 접수됐을 경우에는 100% 검사함

□ 수입 검사 대상 물품의 경우, 신청인은 검사관과 함께 세관 물품창고에서 실물 검사를 받아야 함
  ○ 서류 하자 여부, 관세 납부 여부를 먼저 확인해야 함
  ○ 선적 전 검사확인서가 첨부된 경우 검사확인서와 실제 물품을 비교하여 관세 산정 적합 여부를 검사해야 함
  ○ 검사확인서가 없는 경우 세관별 세관 자체 보유 관세 평가 가격과 물품을 비교 검사함

□ 2004년부터 선적 전 검사제도가 폐지되면서 페루 세관의 검사가 강화되어 통관이 지연되고 있음
  ○ 선적 전 검사제도란, 수출품이 선적되기 전 선적서류상 제출된 수출품 가격, 품목 코드(HS 코드), 수량 및 품질 등이 실제 수출품목과 비교하여 얼마나 정확성을 가지는지에 대한 검사제도임
  ○ 이로 인해 비관세 장벽으로 여겨졌던 선적 전 검사제도가 폐지되면서 오히려 도착지에 물품 하역 후, 물품 통관상의 검사가 더욱 강화되고 있고, 통관 시간이 지연되는 경우가 있음

□ 녹색 심사 채널은 선적서류 원본을 화주 자격 증빙으로 제출해야 물품을 인도해갈 수 있음
  ○ 녹색 채널은 서류 및 물품 검사가 생략되나, 통관을 위한 여타 절차(선사 및 항만 당국 등) 완료 후 물품 인도가 가능함

나. 애로 사례

□ 신고가격이 의심스러운 경우 세관에서 가격과 관련된 추가 서류가 요구되므로 정확한 정보 입력이 중요함
  ○ 수입신고서에는 상품금액, 수량, 원산지, 물품구성 원자재, 관세분류 세번 등을 기입하는데 만약 수입신고서상 하자가 있을 경우 수입신고가 반려됨
  ○ 반려 시, 반려사유를 적시한 에러 메시지가 전산상에 뜨며, 이 경우 미비점을 보완해 재작성 제출하면 됨

□ 최근 수입되는 재활용 중고 기계류, 운송장비의 가격 조작 사례가 많아지면서 세관이 단속을 강화하고 있음
  ○ 특히 미국, 유럽 기계 수입 시 심지어 구입가격의 50%로 신고하는 사례도 나오고 있으며 이탈리아산 중고 직물 생산기계 수입가격도 50% 이상 조작사례가 있음

다. 업무상 유의점

□ 세관 업무시간은 월요일부터 금요일까지 매일 09:00~12:30, 14:00~16:00임

□ SUNAT에서 수입하는 물품의 수입신고(DUA) 정보를 확인할 수 있음
  ○ SUNAT 접속[75] → 수입 유형 (Regimen Asociado)선택 → 세관 코드(Codigo de Aduana) 선택 → 수입신고 연도(Ano) 선택 → 수입신고 등록번호(Numero de Declaracion) 선택 → 'consultar' 버튼 클릭 → 수입신고 정보열람 가능

---

75) http://www.aduanet.gob.pe/aduanas/informli/ildua.htm

☐ 저가신고 사례가 증가하고 있어 세관 단속이 강화되고 있으며, 전체 물량 및 가격에 대한 불성실 신고로 수입금액이 차이가 날 경우 탈세기도 금액의 5배에 해당하는 벌금이 부과됨

[그림 Ⅳ-2] 수입신고 정보 입력란 샘플

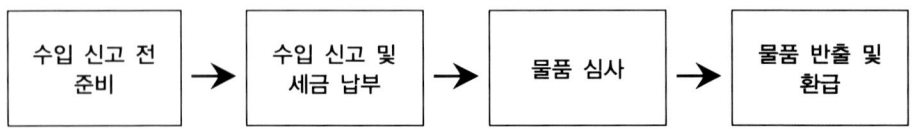

4. 물품 반출 및 환급

수입 신고 전 준비 → 수입 신고 및 세금 납부 → 물품 심사 → 물품 반출 및 환급

가. 통관 절차상 특이사항

☐ 관세 환급 대상은 원재료를 가공하여 수출하는 산업, 재수출의 경우임
  ○ 원자재 수입 시 관세를 지불하고, 이를 가공하여 완제품으로 수출 시 이를 환급받

는 관세 환급 절차를 운용함

□ 재수출의 경우 관세 환급이 가능하며, 환급액은 경제부 평가에 따라 현금 혹은 유가증권 형태로 환불이 이루어짐
　　○ FOB 수출액의 5%부터 품목의 1년 동안의 업체별 수출액 2천만달러까지 받을 수 있음
　　○ 환급기준이 FOB가격의 퍼센트로 정해진 이유는 재수출 시 생산비용이 수입된 부품에 관세가 부과되기 때문에 이에 상응한 세금 부분을 환급하는 것임
　　○ 경제부는 매년 이 혜택에서 제외되는 수출품의 리스트를 발표(HS Code로 표시)

□ 수출품 생산을 위해 소비되거나, 수출품에 추가된 물건을 제3자를 통해 수입하거나, 수입된 물건을 국내에서 구입하는 수출업자는 수혜 가능함

□ 재수출의 환급은 재수출을 전제로 수입으로부터 1년 한도 내 일시 반입한 건임
　　○ 이 경우 관세부과가 잠정 연기되어 재수출 시 관세 납부의무가 자동 말소됨
　　○ 수출을 전제로 수입하지 않았다 하더라도 수입물품 구매자가 이를 이용, 물품을 생산·수출하였을 경우 관세 환급이 가능함

□ 페루의 관세환급 일반은 관세 및 국세 감독위원회(SUNAT)의 관세 집행 및 관세 기술 감독 관련 부서에서 담당함
　　○ Intendencia de Fiscalización y Gestión de Recaudación Aduanera(IFGRA)
　　○ Intendencia Nacional de Sistemas de Información(INSI)
　　○ Intendencia Nacional de Técnica Aduanera(INTA)

　　나) 제출 서류

□ 관세 환급 제출서류는 관세환급 요청서를 포함해 총 5가지임
　　○ 관세 환급 요청서

○ 관세 환급 대상 원자재 수입신고서 사본
○ 수출 신고서 사본
○ 수출업체의 인보이스 사본(이미 수입된 원자재를 국내에서 구입한 경우)
○ 보증서(관세 환급을 수출 다음날 지급받기 원할 경우)

다) 위법 시 처벌

☐ 재수출 건에 대한 환급 시, 법령이 부여하는 기한 내 보세 반입물품이 재수출되지 않을 경우 물품 몰수 및 벌금이 부과됨
　○ 보세물품의 사전 신고 없이 제3자에게 양도하였을 경우 관세의 3배를 벌금으로 부과함

나. 애로 사례 및 업무상 유의점

☐ 환급 한도 기간인 1년을 지난 경우에는 환급받지 못함

☐ 페루의 관세법상 수입물품에 대한 관세 부과 체적기간은 수입일로부터 1년이며, 그 기간이 지나면 공매(公賣)됨

☐ 각종 건설 관련 분쟁 등을 비롯해, 법적 안정성 보장협정과 관련된 문제는 외국인 투자법에 의거, 중재재판소에서 해결함

참고문헌

기획재정부, FTA 국내대책본부
외교통상부, 『2010 외국의 통상환경(미주)』, 2011. 2
외교통상부, 「한·페루 FTA 상세설명서」
외교통상부 중남미국 남미과, 「페루개황」, 2010. 6
외교통상부 중남미국 남미과, 「페루개황」, 2012. 1
외교통상부 통상교섭본부, 「2010 경제·통상외교 활동성과」, 2011. 8
한국대외경제정책연구원, 「한·페루 FTA 발효의 의의와 주요 활용방안」, 2011

The World Bank Group, 「Doing Business 2012, Doing business in a more transparent world」, 2012
The World Bank Group, 「Doing Business 2012, Economy Profile: Peru」, 2012
USTR, 「National Trade Estimate Report on Foreign Trade Barriers」, 2011. 3
World Trade Organization, 「TRADE POLICY REVIEW」, 2012

국제인증정보시스템, http://cic.ktl.re.kr
대한민국 관세청, www.customs.go.kr
대한무역투자진흥공사 리마 KBC, www.kotra.or.kr
대한상공회의소, www.korcham.net
미국 무역 대표부, www.ustr.gov
세계무역기구, www.wto.org
세계무역기구 지역 무역 협정, http://rtais.wto.org
세계은행, www.doingbusiness.org
페루 관세 및 국세 감독위원회 www.sunat.gob.pe

페루 자유무역지대, www.zofratacna.com.pe

페루 재경부 www.mef.gob.pe

페루 중앙은행, www.bcrp.gob.pe

페루 통상관광부 www.mincetur.gob.pe

페루 투자청, www.proinversion.gob.pe

한국무역협회, www.kita.net

해외진출 정보시스템, www.ois.go.kr

FTA 무역종합지원센터, www.okfta.or.kr

KITA FTA 포털, http://fta.kita.net

KITA 통상·수입규제 www.antidumping.kita.net

부록 Ⅰ. 비즈니스 팁[76]

1. 예의

☐ 가벼운 인사말로 모임, 사무실 등에서 만나는 모든 사람에게 개별적으로 인사를 하며, 일단 눈이 마주치는 사람에게는 미소로 가볍게 인사하는 것이 일반적임
  ○ 여성들은 볼을 맞대는 가벼운 키스(un beso)가 보편적이나 외국인에 대해서는 악수를 청하는 경우도 있으므로 상대편이 요구하는 방식으로 응대하면 됨

☐ 식사 또는 음료를 마실 경우에는 소리를 내지 않으며, 식사 중 말을 해야 할 경우는 입 안 음식을 모두 삼킨 후 얘기를 하는 것이 기본임
  ○ 타인이 보는 앞에서 이쑤시개를 사용하는 것은 좋지 않은 매너로 인식됨

☐ 페루인들은 보통 비즈니스 관계라 하더라도 선물을 주고 받지 않으므로 선물 때문에 부담을 가질 필요는 없음
  ○ 만약 선물을 할 경우 페루인이 좋아할 수 있는 것으로는 부채, 전통의상의 남녀 인형을 비롯한 한국문화 및 전통을 나타내는 장식품을 들 수 있으며, 이 외에 인삼차 등과 같은 인삼제품도 좋은 선물이 될 수 있음
  ○ 이밖에 한국적인 이미지를 담고 있는 열쇠고리, 지갑, 다이어리, 만년필, 시계, 메모수첩 등이 선물로 무난함

☐ 페루인은 일반적으로 어느 분야이건 간에 서로 대화하는 것을 즐김
  ○ 특히 국내 정치, 경제 상황에 대한 내용은 가장 즐겨하는 화제 중 하나이며, 대화 상대방을 비교적 단시간임에도 불구하고 마치 오래 사귄 친구처럼 받아들이는 경

---

[76] 코트라 KBC 리마무역관 비즈니스 참고정보

향이 높음
- ○ 즉, 정답게 얘기하는 그들의 문화가 그렇다는 것이지 진짜로 마음을 주고 받는 사이가 되어서 그렇다는 것을 의미하지는 않는다는 점을 알아야 됨
- ○ 비즈니스 모임 후에는 주점, 레스토랑 등에서 다양한 주제의 대화를 할 수 있으며, 스포츠, 영화 등의 문화적인 분야나 상호 자녀에 대한 이야기 등 가족관계 이야기를 주고 받는 것이 대화 전개에 무난함

□ 최근 평화협정체결, 국경분쟁에 대한 협정을 체결하여 관계가 좋아지기는 하였으나 인접국 에콰도르, 칠레 등과는 역사적으로 관계가 좋지 않으며, 볼리비아와는 우방관계를 유지하고 있으나 자국보다는 한 수 아래인 나라로 무시하는 경향이 있으므로 이들 국가에 대한 대화를 할 때에는 주의가 필요함

□ 페루 시장은 대량소비 시장을 형성하지 못하여 대부분의 제품 주문에 있어서 소량주문이 주를 이루므로 시장진출 초기 1회에 대규모 주문을 기대하기는 어려우며, 대부분의 바이어들이 첫 상담에서 샘플을 요구하는 경우가 흔함
- ○ 또한 중남미 사람들의 기질상 직접 대면을 통한 인간적 교류가 거래에서 중요한 요소로 등장하기 때문에 주기적인 출장을 통해 바이어와의 개인적인 관계를 돈독히 하는 것도 매우 중요함

□ 중남미 사람들의 기질상 거래 시 서두르지 않으므로 거래에 있어서 단기간에 Yes냐 No냐 하는 식의 접근 방법은 피해야 하며 내가 당신을 잊지 않고 있다는 정도의 관심을 지속적으로 보내고 끈기를 가지고 기다릴 수 있는 여유가 필요함
- ○ 대부분 중남미국과 마찬가지로 페루는 중산층 형성이 미진한 시장으로 전형적인 소량시장의 성격을 띠고 있음
- ○ 따라서 1회 주문량이 적다는 것을 염두에 두고 최소 주문량을 제시해야 하며, 바이어에 따라서는 시험주문(Test Order)을 해서 시장성을 타진한 후 본격적인 주문을 하는 경우가 많음

2. 사업 및 생활

☐ 결제 조건과 관련하여 페루 바이어는 현지 은행의 까다로운 L/C개설 요건과 과다한 비용을 이유로 L/C 방식을 기피하는 경우가 많으며, 특히 중소 바이어인 경우는 기피 현상이 두드러지게 나타나고 있음. 이들은 T/T와 같은 간편한 방법을 택하려고 하나 안전성 문제로 고민을 하는 경우가 많고, 양자가 안정적인 방법으로 결제할 수 있는 방법을 제시해 주기를 바라는 경우가 많음

☐ 소량물품 안경테, 프린터 잉크 등과 같이 중량이 적은 물품은 특사우편(DHL, TNT, EMS, FEDEX 등)을 사용하는데 바이어들에게 문의한 결과, 현지 통관상 가장 용이한 것은 EMS라고 함
  - ○ 총인보이스가격이 2,000달러를 넘지 않는 경우 정식 통관이 필요 없기 때문에 분할선적이 가능하면 EMS를 사용하여 1주일 단위로 송부하는 방법도 이용할 수 있음
  - ○ 한 가지 잊지 말아야 될 것은 FOB 금액이 5,000달러를 상회하는 모든 수입상품은 화학제품 등 일부 공업용 원료 및 의약품 원료 등을 제외하고는 반드시 선적전검사를 받아야 현지에서 통관이 가능함

☐ 페루는 남미대륙 중 태평양 방향의 거의 중앙에 위치하여 에콰도르, 콜롬비아, 브라질, 칠레와 국경을 접하고 서쪽은 태평양을 끼고 있는데 남회귀선의 안쪽에 위치하고 있어 위도상으로는 열대와 아열대에 속함. 그러나 기후는 남극에서 북상하는 홈볼트 한류가 페루 해안을 따라 흐르고, 한쪽으로는 표고 5,000m가 넘는 안데스 산맥이 남북으로 뻗어있는 등 변화가 큰 지형으로 인해 해안지대, 삼림지대, 산악지대 등 3지대에 따라 기후가 판이하게 다른 것이 특징임
  - ○ 전체 국토의 15%를 차지하고 있는 해안지대(COSTA)의 홈볼트 한류 때문에 비교적 온난한 사막형 건조기후이며 하계(12~4월)에는 기온이 25~35℃를 나타내면서 다소 덥고 건조한 날씨를 나타내며, 동계(5~9월)에는 기온이 약간 내려가면서(겨울에도 거의 10℃ 이하로 내려가지 않음) 습도가 90~100%, 구름이 많으나 연중 비

가 거의 오지 않음
  - 해안지대의 기후에 가장 큰 영향을 미치는 주요 요인은 주기적으로 발생하는 엘니뇨(EL NINO)현상이며, 이 기후대에 속하는 주요 도시는 수도 리마를 비롯한 뜨루히요, 치클라요, 삐우라, 따끄나 등임
  ○ 전체 국토의 약 60%를 차지하는 삼림지대(SELVA)는 열대성 기후로 연평균 28℃ 정도로 습도도 높으며, 4~10월에는 건기로서 기온은 35℃까지 상승하며, 11~4월은 고온 다습한 기간이며 때때로 집중호우가 내리기도 함
  - 이 기후대에 속하는 주요 도시는 이끼또스, 뿌깔파 등임
  ○ 전 국토의 25%를 차지하고 있는 산악지대(SIERRA)의 기후는 우기(11~3월)와 건기(4~10월)로 나뉘는데 건기에는 낮에 따뜻하고, 건조하며, 기온은 20~25℃임. 밤에는 추우면서 건조한 기후를 보이는데 종종 영하로 기온이 내려가기도 함
  - 이 기후대에 속하는 주요 도시는 쿠스코, 뿌노 등임

□ 수도 리마의 기후는 해안지대 기후로 연중 비가 거의 내리지 않는 사막성 기후로 연평균 기온이 20℃(하계 최고 30℃, 동계 최저 11℃) 정도임
  ○ 동계(4월 말~11월 중순)에는 안개가 뒤덮여 햇빛을 거의 볼 수 없고 습도가 높고 쌀쌀한 기후인 반면, 하계(12~5월)에는 일조량이 많고 비교적 더운 날씨이며 인근국 칠레에 비해 습도가 매우 높은 편으로 더위도 더 느낌. 그러나 한국의 여름과 비교할 경우에는 습도가 매우 낮은 편으로 더위를 느끼는 정도도 덜함
  ○ 리마의 경우 여름(12~4월)에는 여름 정장과 와이셔츠를 준비하는 것이 좋음
  - 짧은 소매의 와이셔츠도 보편적으로 입기 때문에 더위를 느끼는 사람은 짧은 소매의 와이셔츠를 준비하면 됨. 가끔 여름에도 밤에는 쌀쌀한 경우가 있기 때문에 긴팔 셔츠, 카디건이나 얇은 점퍼 등을 준비하면 됨
  ○ 겨울(5~11월)에는 춘추복 또는 동복을 준비하면 됨
  - 가장 추운 날씨가 10℃ 내외이나, 바닷바람과 함께 습도가 높아 기온이 내려갈 때에는 매우 쌀쌀하게 느껴지기 때문에 스웨터나 점퍼를 준비하는 것이 좋음

□ 페루와 우리나라와의 시차는 KST-14시간으로 페루가 우리나라보다 14시간 느림

○ 한국 시간으로 자정이면 페루 시간으로 전일 오전 10시며, 한국시간 오전 10시면 페루시간으로 전일 오후 8시임

□ 은행은 일반적으로 09:00부터 12:30까지 오전근무를 하며 15:00부터 18:00까지 오후 근무를 하나 창구에서는 중식시간에도 교대근무로 업무를 계속 함. 대부분 은행이 토요일에도 오후 1시까지 근무함
　○ 그러나 6월 30일과 12월 31일은 결산업무상 모든 은행이 영업을 하지 않으며 만약 이날이 토요일 또는 일요일이면 전후 첫 번째 날에 영업을 하지 않음 단, 예외적으로 Jorge Chavez 국제공항 내에 입주해 있는 은행지점들은 1년 내내 24시간 영업함

□ 주요 슈퍼마켓이나 하이퍼마켓이 지점을 둔 은행은 보통 21:00나 22:00까지 근무
　○ 정부기관은 1~3월까지는 월요일~금요일까지 08:30~11:30까지 근무하고, 기타 월에는 월요일~금요일까지 09:00~12:30까지 오전 근무, 15:00~17:00까지 오후 근무를 함
　○ 정부기관의 근무시간은 바뀌는 경향이 많음
　○ 일반 상점의 경우 상점규모 및 성격에 따라 09:00 또는 10:00부터 12:30까지 오전 근무를 하며, 15:00 또는 16:00부터 20:00까지 오후 근무를 함
　○ 대도시의 슈퍼마켓은 점심시간에도 영업을 하며, 수도 리마의 일부 슈퍼마켓 및 일부 주유소와 붙어 있는 편의점은 24시간 영업을 함

□ 페루는 우리나라와 비자면제 협정에 따라 관광 목적인 경우에는 3개월간 무비자로 입국 체류가 가능함(최근 들어 심사원에 따라 183일까지 허가하는 경우도 있으며 경우에 따라서는 자의적으로 60일까지 허용하는 경우도 있음)

□ 현지 비즈니스를 위하여 입국하는 경우는 상용비자를 받도록 되어 있으나 90일 이내의 단기 체류 시에는 관광비자로 입국하는 것이 편리함
　○ 상용비자를 취득하여 입국하는 경우 출국 시 현지에서의 비즈니스 내역에 대한

세금징수 문제로 인해 거래내역 확인서를 요청하는 등 복잡한 경우가 발생할 수 있음

☐ 여행자 짐 관련 상세 규정(2006.3.17자, 페루 최고법령(Decreto Suprema) N 0162006EF 규정)
  ○ 무관세로 반입 가능한 물품리스트(아래의 규칙 제 4 항 참조)
  ○ 여행자는 휴대한 짐을 'Declaracion Jurada de Equipaje' 형식에 맞게 신고해야 하며 필요 시 해당관세를 지불해야 함
  ○ 10,000달러 또는 동등한 값어치의 페루 또는 타국 현금을 가지고 있다면 세관에 신고해야 함(법률 N 28306)

☐ 비자 발급처(주한 페루대사관)
  ○ 주소: 서울 중구 충무로 1 가 25-5, 대연각 빌딩 2002 호
  ○ 전화: 757~1735~7, 팩스: 757~1738
  ○ 휴일: 토, 일요일
  ○ 비자신청: 09:00~12:00
  ○ 비자발급: 14:00~17:00
  ○ 소요시간: 2~3 일
  ○ 소요비용: 변동 가능성이 있으므로 주한 페루 대사관에 직접 문의 요망

☐ 페루의 화폐단위는 누에보 솔(NUEVO SOL)이며, 단위는 S/. 로 표기하는데 솔 아래 단위는 美달러화의 센트와 같은 센티모를 씀
  ○ 페루에서는 자국 화폐인 솔과 미국달러를 동시에 사용하고 있기 때문에 달러로 물건값을 지불하는 데 문제가 없음
  ○ 현재 유통 중인 지폐는 200솔, 100솔, 50솔, 20솔, 10솔 등 5종이 있으며, 주화는 5솔, 2솔, 1솔, 50센티모, 20센티모, 10센티모, 5센티모, 2센티모, 1센티모임
    - 그러나 5센티모, 2센티모, 1센티모는 사용하지 않으며 거스름돈 지불이나 자선단체 기부에만 사용

□ 환전에 대한 정부의 통제가 없어 은행, 호텔, 거리 환전상, 환전소 등에서 자유로이 환전이 가능하며 은행은 거래가 안전하다는 이유를 들어 시중 환전소(casa de cambio)보다 낮은 환율을 적용함
    ○ 단기 여행 시에는 호텔에서 투숙객에게는 우대환율을 적용해주는 호텔이 많으므로 소액은 호텔 내 데스크에서 환전해 쓰는 것도 유용한 방법임
    ○ 페루는 달러화를 공식적으로 사용하며, 거리의 현금 자동인출기 및 대부분의 슈퍼마켓, 백화점, 심지어 거리의 행상에 이르기까지 달러 인출 및 통용이 되고 있으며 단기 체류자의 경우 소액달러 지폐를 갖고 있으면 현지화 환전 없이도 어려움 없이 활동할 수 있음
    ○ 환전할 때의 주의사항으로 무허가 환전상은 이용하지 않는 것이 안전하며 이들은 은행이나 환전소보다 약간 높은 환율을 적용함
    ○ 현지인이 주로 활용하나 여행하는 외국인의 경우, 위조화폐 등의 감식 능력이 떨어져 낭패를 볼 수 있음

□ 페루를 비롯한 대부분 중남미에서는 여행자 수표는 위조가 많다는 이유로 수취를 거부하는 경우가 많고, 거리의 환전소에서는 환전을 거부하는 경우가 일반적이므로 은행에서 환전해야 하는데 이때 2~3% 정도의 환가료를 내야 함
    ○ 중남미 여행 시 불편하더라도 현금으로 환전하여 일정 소요현금을 지참하고 여행하거나 신용카드 결제가 가능한 호텔에서는 카드로 결제하는 것이 경비를 절감할 수 있는 방안이라는 점을 유념해야 함

□ 페루는 공식 휴일 이외에 정부부처에서 별도로 정하는 정부 및 유관기관 공무원의 휴일이 별도로 있음
    ○ 간혹 현지 관광진흥을 위하여 공식 휴일이 토요일이나 일요일인 경우 전날 또는 다음날도 휴일로 하는 경우가 많음
    ○ 월요일이 공휴일의 중간에 끼일 경우도 연휴로 지정하는 경우가 많기 때문에 이러한 내용을 사전에 알아둘 필요가 있음
        - 신년(Añ Nuevo) 1/1

- 부활절(Semana Santa) 4/21 ~ 4/22
- 노동절(Dia del Trabajo) 5/1
- 성 베드로와 성 바오로의 날(San Pedro y San Pablo) 6/29
- 독립기념일(Fiestas Patrias) 7/28 ~ 7/29
- 성녀 ROSE의 날(Santa Rosa de Lima) 8/30
- 앙가모스 전투 기념일(Combate de Angamos) 10/8
- 성자의 날(Todos los Santos) 11/1
- 성모의 날(Immaculada Concepcion) 12/8
- 성탄절 (Navidad) 12/25

주: 공휴일은 고정되어 있으나 부활절 휴가기간은 가톨릭 月曆에 따라 매년 변동

3. 교통과 통신

□ 페루는 지리적으로 태평양 연안 남미국의 중간지점으로 항공 교통의 요지에 위치하고 있어 항공편은 종횡으로 편리한 편임. 그러나 미국으로 가거나 미국에서 오는 비행기는 대부분 모두 밤 12시, 새벽 1시 정도의 시각에 운행하고 있어 매우 불편함
  ○ 페루에 기착하는 항공편은 대부분 미국(L.A., Miami, New York, Atlanta, Lauderdale)을 경유하여 리마로 연결되며, 주요 항공편은 LAN(칠레), American Airline, Continental(미국), Air Canada(캐나다), Aerolinea Argentina(아르헨티나), TACA등임

□ 페루는 비교적 큰 나라이기 때문에 국내 항공망도 잘 발달되어 있어 지방여행에 불편이 없지만 각 지역 간의 연결망은 부진함. 즉, 지방으로 이동할 경우 반드시 수도인 리마에서 출발함
  ○ 2005년 이후 유가상승으로 항공료 또한 인상되어 대략 국내선 왕복에 200~250달러 수준이며 요금은 시즌 별로 다소 상이한 편임을 염두에 두기 바람
  ○ 항공사별로 외국인 금액을 별도로 지정한 경우도 있으므로 항공권 구매 전 항공

사 또는 여행사를 통하여 확인하기 바람

☐ 선편은 월 2회 Callao-Pusan 정기편이 운행되고 있으며, 非정기 선편이 간혹 운항되고 있음
  ○ 부산에서 리마 까야오 항구까지의 운항 기일은 약 35~40일 정도가 소요되며, 40" 컨테이너의 운송비용은 약 4,500달러 수준임

☐ 페루는 아직 택시미터제를 도입하지 않았기 때문에 택시를 타기 전에는 반드시 운전사와 가격을 흥정해야 하며 택시영업이 허가제가 아니기 때문에 차량을 소지한 사람이 택시 영업을 하고자 할 때에는 앞 유리에 'TAXI'라는 스티커를 한 장만 붙이고 영업을 하면 됨
  ○ 노란색으로 차량 위에 택시표시를 한 차량은 정식으로 택시 영업허가를 받고 보험에 가입된 택시임. 외국인은 특히 밤에 택시를 이용할 경우 정식 영업등록 택시나 요금은 조금 비싸지만 호텔에서 운영하는 택시를 이용하는 것이 갑작스러운 봉변을 막는 방법임
  ○ 일반택시 요금은 최소 4~5솔(약 미화 1.25달러) 정도는 줘야 하며 거리에 따라 흥정하기에 달려 있으나 리마 시내에서 이동하는 경우 5~10솔 정도가 소요
  ○ 공항에서 시내도심(호텔)까지 이용하는 경우 공항택시를 이용할 수 있는데 요금은 다소 비싸 약 20달러 정도가 소요되며, 일반택시의 경우 약 10달러 정도를 주면 무난함

☐ 버스는 마이크로버스부터 대형버스까지 다양한 종류가 있는데 시내버스 요금은 대략 한번 탈 때 1솔에서 1.5솔 정도임
  ○ 비록 허름하고 냄새는 나지만 운행구간만 알면 오히려 버스를 이용하는 것이 택시보다 매우 경제적이고 안전할 수 있음

☐ 최근 5년 동안 전화 보급률이 급속하게 증가하고 있으며, 전화비는 스페인계 전화회사인 Telefonica사의 독점으로 전화비는 비싼 편이었음. 하지만 최근 들어 타 통신사

와의 치열한 경쟁으로 각종 할인 혜택이 제공되고 있음

□ 팩스를 보내고자 할 때 상대방이 전화를 받으면 "Deme tono de fax"(데메 또노 데 팍스) 또는 "Tono de fax, Por favor(또노 데 팍스, 뽀르화보르)" 라고 요청하면 됨
  ○ 페루업체와 교신을 하면서 겪는 불편함 중 하나는 전화와 팩스를 겸용으로 사용하고 있는 업체가 많기 때문에 영어를 하지 못하는 상대방에게 팩스로 전환하여 달라는 말을 하지 못해 난감해 하는 업체들이 많음

□ 최근 들어 휴대전화의 보급률이 일반전화 보급률을 앞질러 연간 100% 이상 성장하고 있으며 구입비용 및 사용료도 계속 하락추세에 있음
  ○ 휴대전화의 경우 주요 통신사는 Telefonica 와 Claro가 쌍벽을 이루고 무선 라디오의 경우 Nextel 사가 주를 이루고 있음
  ○ 페루에서 휴대전화를 사용할 경우 미리 카드를 사서 충전 금액만큼 사용하는 Pre-Pago방식과 한국과 같이 후불제로 지불하는 Post-Pago 방식이 있음

□ 한국까지의 국제전화 요금은 분당 약 1.5달러 수준이며 시간대에 관계없이 연결은 매우 좋은 편임. 단, 호텔에서 국제전화를 할 경우는 일반가격의 약 3배 요금 이상을 요구하는 경우가 많으므로 사용하지 않는 것이 좋음
  ○ 현지에서 한국으로 국제 전화를 할 경우에는 '00'을 앞에 붙이고 한국코드 '82'와 지역 번호를 누른 다음 전화번호를 입력함
    – 부산의 444-1234에 전화하고자 하면 '00-82-51-444-1234'을 누르면 됨
  ○ 한국에서 페루에 전화를 하려는 경우 국제전화 이용코드(001, 002, 008등) 다음에 페루 국가코드 '51', 지역코드(리마의 경우 '1') 다음에 전화번호를 돌리면 됨

□ 페루 공중전화는 시내전화기는 카드, 동전 겸용이고(기본요금 50센티모, 약 200원 수준) Telepoint의 경우는 카드만 가능하여 한국으로 전화를 걸 경우, 기본 S./20짜리 전화카드를 구입해야 함
  ○ 한편 공중전화 중에는 카드식 전화기도 상당수 있기 때문에 전화박스 안에 명시

되어 있는 가까운 판매소에서 Telepoint나 Telefonica del Peru등 공중전화 카드를 구입해 사용하는 것이 편리함

☐ 페루의 경우 국내 3사 통신사 중 SKT 사가 제공하는 CDMA 자동로밍 서비스 이용이 가능함 (상세 내역 www.tworld.co.kr 참조)

부록 Ⅱ. 주요 유관 기관 정보

■ 주 페루 대한민국 대사관

웹페이지	http://per.mofat.go.kr
주소	Embajada de la Republica de Corea Av. Principal #190, Piso 7, Urb. Sta. Catalina, La Victoria, Lima, PERU
전화번호	+51-1-476-0815
팩스번호	+51-1-476-0905 (영사업무: +51-1-225-3840)
이메일	peru@mofat.go.kr

■ 주 리마 총영사관

전화번호	+51-9-9878-7454

■ 주한 페루 대사관

주소	서울 중구 충무로1가 25-5
전화번호	02-757-1735~7
팩스번호	02-757-1738
이메일	lpruseul@korea.com
근무시간	월~금(09:00 -17:00)

■ 재페루 한인회

대표	정명환
주소	Av. Aviacion #3139, 3층(Piso 3), San Borja Sur, Lima
전화번호	+51-1-225-3180~1
이메일	asope_kr@hotmail.com, asope_kr@hanmail.net

부록 Ⅱ. 주요 유관 기관 정보 97

■ 페루 관세청

공식명칭	Superintendencia Nacional de Aduanas(SUNAT)
주소	Av. Garcilaso de la Vega 1472, Lima 1
전화번호	(51-1) 469-0058, 팩스: (51-1) 465-0585
홈페이지	www.aduanet.gob.pe

■ 페루 중앙은행

공식명칭	Banco Central de Reserva del Peru
주소	Jr. Antonio Miró Quesada 441-445, Lima-1, Perú
전화번호	(51-1) 613-2000
홈페이지	www.bcrp.gob.pe

■ 페루 자유무역지대

공식명칭	Zona Franca de Tacna Peru
주소	Panamericana Sur s/n Km 1308TACNA PERU
전화번호	(51-52) 317-000
홈페이지	www.zofratacna.com.pe

■ 페루 식약청

공식명칭	Direccion General de Medicamentos, Insumos y Drogas(DIGEMID)
주소	Calle Coronel Odriozola 111 San I냥개 Altura Av. Arequipa Cuadra 32
이메일	webmaster@digemid.minsa.gob.pe
홈페이지	www.digemid.minsa.gob.pe

■ 페루 통계청

공식명칭	Instituto Nacional de Estadística e Informática
주소	Av. Gral. Garzón 654 - 658, Jesús María Lima Perú
전화번호	(51-1) 652-0000
홈페이지	www.inei.gob.pe

■ 페루 재경부

공식명칭	Ministerio de Economia y Finanzas(MEF)
주소	Jr. Junín 319, Cercado de Lima, Lima - Perú
전화번호	(51-1) 311-5930
홈페이지	www.mef.gob.pe

■ 페루 통상관광부

공식명칭	Ministerio de Comercio Exterior y Turismo
주소	Calle Uno Oeste N 050 Urb. Córpac San Isidro Lima Perú
전화번호	(51-1) 513-6100
홈페이지	www.mincetur.gob.pe

■ 페루 투자청

공식명칭	Agencia de Promocion de la Inversion Privada
주소	Av. Enrique Canaval Moreyra Nº 150, Piso 9 San Isidro Lima
전화번호	(51-1) 200-1200
홈페이지	www.proinversion.gob.pe

부록 Ⅲ. 페루 관세법

NORMAS LEGALES
GJA-01 LEY DEL PROCEDIMIENTO ADMINISTRATIVO GENERAL

TITULO PRELIMINAR

TÍTULO I

Artículo I.- Ámbito de aplicación de la ley

La presente Ley será de aplicación para todas las entidades de la Administración Pública.

Para los fines de la presente Ley, se entenderá por "entidad" o "entidades" de la Administración Pública:

1. El Poder Ejecutivo, incluyendo Ministerios y Organismos Públicos Descentralizados;
2. El Poder Legislativo;
3. El Poder Judicial;
4. Los Gobiernos Regionales;
5. Los Gobiernos Locales;
6. Los Organismos a los que la Constitución Política del Perú y las leyes confieren autonomía.
7. Las demás entidades y organismos, proyectos y programas del Estado, cuyas actividades se realizan en virtud de potestades administrativas y, por tanto se

consideran sujetas a las normas comunes de derecho público, salvo mandato expreso de ley que las refiera a otro régimen; y
8. Las personas jurídicas bajo el régimen privado que prestan servicios públicos o ejercen función administrativa, en virtud de concesión, delegación o autorización del Estado, conforme a la normativa de la materia.

Artículo II.- Contenido

1. La presente Ley regula las actuaciones de la función administrativa del Estado y el procedimiento administrativo común desarrollados en las entidades.
2. Los procedimientos especiales creados y regulados como tales por ley expresa, atendiendo a la singularidad de la materia, se rigen supletoriamente por la presente Ley en aquellos aspectos no previstos y en los que no son tratados expresamente de modo distinto.
3. Las autoridades administrativas al reglamentar los procedimientos especiales, cumplirán con seguir los principios administrativos, así como los derechos y deberes de los sujetos del procedimiento, establecidos en la presente Ley.

Artículo III.- Finalidad

La presente Ley tiene por finalidad establecer el régimen jurídico aplicable para que la actuación de la Administración Pública sirva a la protección del interés general, garantizando los derechos e intereses de los administrados y con sujeción al ordenamiento constitucional y jurídico en general.

Artículo IV.- Principios del procedimiento administrativo

1. El procedimiento administrativo se sustenta fundamentalmente en los siguientes

principios, sin perjuicio de la vigencia de otros principios generales del Derecho Administrativo:

1.1. Principio de legalidad.- Las autoridades administrativas deben actuar con respeto a la Constitución, la ley y al derecho, dentro de las facultades que le estén atribuidas y de acuerdo con los fines para los que les fueron conferidas.

1.2. Principio del debido procedimiento.- Los administrados gozan de todos los derechos y garantías inherentes al debido procedimiento administrativo, que comprende el derecho a exponer sus argumentos, a ofrecer y producir pruebas y a obtener una decisión motivada y fundada en derecho. La institución del debido procedimiento administrativo se rige por los principios del Derecho Administrativo. La regulación propia del Derecho Procesal Civil es aplicable sólo en cuanto sea compatible con el régimen administrativo.

1.3. Principio de impulso de oficio.- Las autoridades deben dirigir e impulsar de oficio el procedimiento y ordenar la realización o práctica de los actos que resulten convenientes para el esclarecimiento y resolución de las cuestiones necesarias.

1.4. Principio de razonabilidad.- Las decisiones de la autoridad administrativa, cuando creen obligaciones, califiquen infracciones, impongan sanciones, o establezcan restricciones a los administrados, deben adaptarse dentro de los límites de la facultad atribuida y manteniendo la debida proporción entre los medios a emplear y los fines públicos que deba tutelar, a fin de que respondan a lo estrictamente necesario para la satisfacción de su cometido.

1.5. Principio de imparcialidad.- Las autoridades administrativas actúan sin ninguna clase de discriminación entre los administrados, otorgándoles tratamiento y tutela igualitarios frente al procedimiento, resolviendo conforme al ordenamiento jurídico y con atención al interés general.

1.6. Principio de informalismo.- Las normas de procedimiento deben ser interpretadas en forma favorable a la admisión y decisión final de las pretensiones de los administrados, de modo que sus derechos e intereses no sean afectados por la exigencia de aspectos formales que puedan ser subsanados dentro del procedimiento, siempre que dicha excusa no afecte derechos de terceros o el interés público.

1.7. Principio de presunción de veracidad.- En la tramitación del procedimiento administrativo, se presume que los documentos y declaraciones formulados por los administrados en la forma prescrita por esta Ley, responden a la verdad de los hechos que ellos afirman. Esta presunción admite prueba en contrario.

1.8. Principio de conducta procedimental.- La autoridad administrativa, los administrados, sus representantes o abogados y, en general, todos los partícipes del procedimiento, realizan sus respectivos actos procedimentales guiados por el respeto mutuo, la colaboración y la buena fe. Ninguna regulación del procedimiento administrativo puede interpretarse de modo tal que ampare alguna conducta contra la buena fe procesal.

1.9. Principio de celeridad.- Quienes participan en el procedimiento deben ajustar su actuación de tal modo que se dote al trámite de la máxima dinámica posible, evitando actuaciones procesales que dificulten su desenvolvimiento o constituyan meros formalismos, a fin de alcanzar una decisión en tiempo razonable, sin que ello releve a las autoridades del respeto al debido procedimiento o vulnere el ordenamiento.

1.10. Principio de eficacia.- Los sujetos del procedimiento administrativo deben hacer prevalecer el cumplimiento de la finalidad del acto procedimental, sobre aquellos formalismos cuya realización no incida en su validez, no determinen aspectos importantes en la decisión final, no disminuyan las garantías del procedimiento, ni causen indefensión a los administrados.

En todos los supuestos de aplicación de este principio, la finalidad del acto que se privilegie sobre las formalidades no esenciales deberá ajustarse al marco normativo aplicable y su validez será una garantía de la finalidad pública que se busca satisfacer con la aplicación de este principio.

1.11. Principio de verdad material.- En el procedimiento, la autoridad administrativa competente deberá verificar plenamente los hechos que sirven de motivo a sus decisiones, para lo cual deberá adoptar todas las medidas probatorias necesarias autorizadas por la ley, aun cuando no hayan sido propuestas por los administrados o hayan acordado eximirse de ellas.

En el caso de procedimientos trilaterales la autoridad administrativa estará facultada a verificar por todos los medios disponibles la verdad de los hechos que le son propuestos por las partes, sin que ello signifique una sustitución del deber probatorio que corresponde a éstas. Sin embargo, la autoridad administrativa estará obligada a ejercer dicha facultad cuando su pronunciamiento pudiera involucrar también al interés público.

1.12. Principio de participación.- Las entidades deben brindar las condiciones necesarias a todos los administrados para acceder a la información que administren, sin expresión de causa, salvo aquellas que afectan la intimidad personal, las vinculadas a la seguridad nacional o las que expresamente sean excluidas por ley; y extender las posibilidades de participación de los administrados y de sus representantes, en aquellas decisiones públicas que les puedan afectar, mediante cualquier sistema que permita la difusión, el servicio de acceso a la información y la presentación de opinión.

1.13. Principio de simplicidad.- Los trámites establecidos por la autoridad administrativa deberán ser sencillos, debiendo eliminarse toda complejidad innecesaria; es decir, los requisitos exigidos deberán ser racionales y proporcionales a los fines que se persigue cumplir.

1.14. Principio de uniformidad.- La autoridad administrativa deberá establecer requisitos similares para trámites similares, garantizando que las excepciones a los principios generales no serán convertidos en la regla general. Toda diferenciación deberá basarse en criterios objetivos debidamente sustentados.

1.15. Principio de predictibilidad.- La autoridad administrativa deberá brindar a los administrados o sus representantes información veraz, completa y confiable sobre cada trámite, de modo tal que a su inicio, el administrado pueda tener una conciencia bastante certera de cuál será el resultado final que se obtendrá.

1.16. Principio de privilegio de controles posteriores.- La tramitación de los procedimientos administrativos se sustentará en la aplicación de la fiscalización posterior; reservándose la autoridad administrativa, el derecho de comprobar la veracidad de la información presentada, el cumplimiento de la normatividad sustantiva y aplicar las sanciones pertinentes en caso que la información presentada no sea veraz.

2. Los principios señalados servirán también de criterio interpretativo para resolver las cuestiones que puedan suscitarse en la aplicación de las reglas de procedimiento, como parámetros para la generación de otras disposiciones administrativas de carácter general, y para suplir los vacíos en el ordenamiento administrativo.

La relación de principios anteriormente enunciados no tiene carácter taxativo.

Artículo V.- Fuentes del procedimiento administrativo

1. El ordenamiento jurídico administrativo integra un sistema orgánico que tiene autonomía respecto de otras ramas del Derecho.
2. Son fuentes del procedimiento administrativo:
    2.1. Las disposiciones constitucionales.
    2.2. Los tratados y convenios internacionales incorporados al Ordenamiento Jurídico Nacional.
    2.3. Las leyes y disposiciones de jerarquía equivalente.
    2.4. Los Decretos Supremos y demás normas reglamentarias de otros poderes del Estado.
    2.5. Los demás reglamentos del Poder Ejecutivo, los estatutos y reglamentos de las

entidades, así como los de alcance institucional o provenientes de los sistemas administrativos.

2.6. Las demás normas subordinadas a los reglamentos anteriores.

2.7. La jurisprudencia proveniente de las autoridades jurisdiccionales que interpreten disposiciones administrativas.

2.8. Las resoluciones emitidas por la Administración a través de sus tribunales o consejos regidos por leyes especiales, estableciendo criterios interpretativos de alcance general y debidamente publicadas. Estas decisiones generan precedente administrativo, agotan la vía administrativa y no pueden ser anuladas en esa sede.

2.9. Los pronunciamientos vinculantes de aquellas entidades facultadas expresamente para absolver consultas sobre la interpretación de normas administrativas que apliquen en su labor, debidamente difundidas.

2.10. Los principios generales del derecho administrativo.

3. Las fuentes señaladas en los numerales 2.7, 2.8, 2.9 y 2.10 sirven para interpretar y delimitar el campo de aplicación del ordenamiento positivo al cual se refieren.

Artículo VI.- Precedentes administrativos

1. Los actos administrativos que al resolver casos particulares interpreten de modo expreso y con carácter general el sentido de la legislación, constituirán precedentes administrativos de observancia obligatoria por la entidad, mientras dicha interpretación no sea modificada. Dichos actos serán publicados conforme a las reglas establecidas en la presente norma.

2. Los criterios interpretativos establecidos por las entidades, podrán ser modificados si se considera que no es correcta la interpretación anterior o es contraria al interés general. La nueva interpretación no podrá aplicarse a situaciones anteriores, salvo que fuere más favorable a los administrados.

3. En todo caso, la sola modificación de los criterios no faculta a la revisión de oficio en

sede administrativa de los actos firmes.

Artículo VII.- Función de las disposiciones generales

1. Las autoridades superiores pueden dirigir u orientar con carácter general la actividad de los subordinados a ellas mediante circulares, instrucciones y otros análogos, los que sin embargo, no pueden crear obligaciones nuevas a los administrados.
2. Dichas disposiciones deben ser suficientemente difundidas, colocadas en lugar visible de la entidad si su alcance fuera meramente institucional, o publicarse si fuera de índole externa.
3. Los administrados pueden invocar a su favor estas disposiciones, en cuanto establezcan obligaciones a los órganos administrativos en su relación con los administrados.

Artículo VIII.- Deficiencia de fuentes

1. Las autoridades administrativas no podrán dejar de resolver las cuestiones que se les proponga, por deficiencia de sus fuentes; en tales casos, acudirán a los principios del procedimiento administrativo previstos en esta Ley; en su defecto, a otras fuentes supletorias del derecho administrativo, y sólo subsidiariamente a éstas, a las normas de otros ordenamientos que sean compatibles con su naturaleza y finalidad.
2. Cuando la deficiencia de la normativa lo haga aconsejable, complementariamente a la resolución del caso, la autoridad elaborará y propondrá a quien competa, la emisión de la norma que supere con carácter general esta situación, en el mismo sentido de la resolución dada al asunto sometido a su conocimiento.

TÍTULO I
Del régimen jurídico de los actos administrativos

CAPÍTULO I
De los actos administrativos

Artículo 1. - Concepto de acto administrativo

1.1. Son actos administrativos, las declaraciones de las entidades que, en el marco de normas de derecho público, están destinadas a producir efectos jurídicos sobre los intereses, obligaciones o derechos de los administrados dentro de una situación concreta.

1.2. No son actos administrativos:

1.2.1. Los actos de administración interna de las entidades destinados a organizar o hacer funcionar sus propias actividades o servicios. Estos actos son regulados por cada entidad, con sujeción a las disposiciones del Título Preliminar de esta Ley, y de aquellas normas que expresamente así lo establezcan.

1.2.2. Los comportamientos y actividades materiales de las entidades.

Artículo 2.- Modalidades del acto administrativo

2.1. Cuando una ley lo autorice, la autoridad, mediante decisión expresa, puede someter el acto administrativo a condición, término o modo, siempre que dichos elementos incorporables al acto, sean compatibles con el ordenamiento legal, o cuando se trate de asegurar con ellos el cumplimiento del fin público que persigue el acto.

2.2. Una modalidad accesoria no puede ser aplicada contra el fin perseguido por el acto administrativo.

Artículo 3.- Requisitos de validez de los actos administrativos

Son requisitos de validez de los actos administrativos:
1. Competencia.- Ser emitido por el órgano facultado en razón de la materia, territorio, grado, tiempo o cuantía, a través de la autoridad regularmente nominada al momento del dictado y en caso de órganos colegiados, cumpliendo los requisitos de sesión, quórum y deliberación indispensables para su emisión.
2. Objeto o contenido.- Los actos administrativos deben expresar su respectivo objeto, de tal modo que pueda determinarse inequívocamente sus efectos jurídicos. Su contenido se ajustará a lo dispuesto en el ordenamiento jurídico, debiendo ser lícito, preciso, posible física y jurídicamente, y comprender las cuestiones surgidas de la motivación.
3. Finalidad Pública.- Adecuarse a las finalidades de interés público asumidas por las normas que otorgan las facultades al órgano emisor, sin que pueda habilitársele a perseguir mediante el acto, aun encubiertamente, alguna finalidad sea personal de la propia autoridad, a favor de un tercero, u otra finalidad pública distinta a la prevista en la ley. La ausencia de normas que indique los fines de una facultad no genera discrecionalidad.
4. Motivación.- El acto administrativo debe estar debidamente motivado en proporción al contenido y conforme al ordenamiento jurídico.
5. Procedimiento regular.- Antes de su emisión, el acto debe ser conformado mediante el cumplimiento del procedimiento administrativo previsto para su generación.

Artículo 4.- Forma de los actos administrativos

4.1. Los actos administrativos deberán expresarse por escrito, salvo que por la naturaleza y circunstancias del caso, el ordenamiento jurídico haya previsto otra forma, siempre que permita tener constancia de su existencia.

4.2. El acto escrito indica la fecha y lugar en que es emitido, denominación del órgano del cual emana, nombre y firma de la autoridad interviniente.

4.3. Cuando el acto administrativo es producido por medio de sistemas automatizados, debe garantizarse al administrado conocer el nombre y cargo de la autoridad que lo expide.

4.4. Cuando deban emitirse varios actos administrativos de la misma naturaleza, podrá ser empleada firma mecánica o integrarse en un solo documento bajo una misma motivación, siempre que se individualice a los administrados sobre los que recae los efectos del acto. Para todos los efectos subsiguientes, los actos administrativos serán considerados como actos diferentes.

Artículo 5.- Objeto o contenido del acto administrativo

5.1. El objeto o contenido del acto administrativo es aquello que decide, declara o certifica la autoridad.

5.2. En ningún caso será admisible un objeto o contenido prohibido por el orden normativo, ni incompatible con la situación de hecho prevista en las normas; ni impreciso, obscuro o imposible de realizar.

5.3. No podrá contravenir en el caso concreto disposiciones constitucionales, legales, mandatos judiciales firmes; ni podrá infringir normas administrativas de carácter general provenientes de autoridad de igual, inferior o superior jerarquía, e incluso de la misma autoridad que dicte el acto.

5.4. El contenido debe comprender todas las cuestiones de hecho y derecho planteadas por los administrados, pudiendo involucrar otras no propuestas por éstos que hayan sido apreciadas de oficio, siempre que otorgue posibilidad de exponer su posición al administrado y, en su caso, aporten las pruebas a su favor.

Artículo 6.- Motivación del acto administrativo

6.1. La motivación deberá ser expresa, mediante una relación concreta y directa de los hechos probados relevantes del caso específico, y la exposición de las razones jurídicas y normativas que con referencia directa a los anteriores justifican el acto adoptado.

6.2. Puede motivarse mediante la declaración de conformidad con los fundamentos y conclusiones de anteriores dictámenes, decisiones o informes obrantes en el expediente, a condición de que se les identifique de modo certero, y que por esta situación constituyan parte integrante del respectivo acto.

6.3. No son admisibles como motivación, la exposición de fórmulas generales o vacías de fundamentación para el caso concreto o aquellas fórmulas que por su oscuridad, vaguedad, contradicción o insuficiencia no resulten específicamente esclarecedoras para la motivación del acto.

6.4. No precisan motivación los siguientes actos:

6.4.1. Las decisiones de mero trámite que impulsan el procedimiento.

6.4.2. Cuando la autoridad estima procedente lo pedido por el administrado y el acto administrativo no perjudica derechos de terceros.

6.4.3. Cuando la autoridad produce gran cantidad de actos administrativos sustancialmente iguales, bastando la motivación única.

Artículo 7.- Régimen de los actos de administración interna

7.1. Los actos de administración interna se orientan a la eficacia y eficiencia de los servicios y a los fines permanentes de las entidades. Son emitidos por el órgano competente, su objeto debe ser física y jurídicamente posible, su motivación será facultativa cuando los superiores jerárquicos impartan las órdenes a sus subalternos en la forma legalmente prevista.

7.2. Las decisiones internas de mero trámite, pueden impartirse verbalmente por el órgano competente, en cuyo caso el órgano inferior que las reciba las documentará por escrito y comunicará de inmediato, indicando la autoridad de quien procede mediante la fórmula, "Por orden de …".

CAPÍTULO II
Nulidad de los actos administrativos

Artículo 8.- Validez del acto administrativo

Es válido el acto administrativo dictado conforme al ordenamiento jurídico.

Artículo 9.- Presunción de validez

Todo acto administrativo se considera válido en tanto su pretendida nulidad no sea declarada por autoridad administrativa o jurisdiccional, según corresponda.

Artículo 10.- Causales de nulidad

Son vicios del acto administrativo, que causan su nulidad de pleno derecho, los siguientes:
1. La contravención a la Constitución, a las leyes o a las normas reglamentarias.
2. El defecto o la omisión de alguno de sus requisitos de validez, salvo que se presente alguno de los supuestos de conservación del acto a que se refiere el Artículo 14.
3. Los actos expresos o los que resulten como consecuencia de la aprobación automática o por silencio administrativo positivo, por los que se adquiere facultades, o derechos, cuando son contrarios al ordenamiento jurídico, o cuando no se cumplen con los requisitos, documentación o tramites esenciales para su adquisición.

4. Los actos administrativos que sean constitutivos de infracción penal, o que se dicten como consecuencia de la misma.

Artículo 11.- Instancia competente para declarar la nulidad

11.1. Los administrados plantean la nulidad de los actos administrativos que les conciernan por medio de los recursos administrativos previstos en el Título III Capítulo II de la presente Ley.
11.2. La nulidad será conocida y declarada por la autoridad superior de quien dictó el acto. Si se tratara de un acto dictado por una autoridad que no está sometida a subordinación jerárquica, la nulidad se declarará por resolución de la misma autoridad.
11.3. La resolución que declara la nulidad, además dispondrá lo conveniente para hacer efectiva la responsabilidad del emisor del acto inválido.

Artículo 12.- Efectos de la declaración de nulidad

12.1. La declaración de nulidad tendrá efecto declarativo y retroactivo a la fecha del acto, salvo derechos adquiridos de buena fe por terceros, en cuyo caso operará a futuro.
12.2. Respecto del acto declarado nulo, los administrados no están obligados a su cumplimiento y los servidores públicos deberán oponerse a la ejecución del acto, fundando y motivando su negativa.
12.3. En caso de que el acto viciado se hubiera consumado, o bien sea imposible retrotraer sus efectos, sólo dará lugar a la responsabilidad de quien dictó el acto y en su caso, a la indemnización para el afectado.

Artículo 13.- Alcances de la nulidad

13.1. La nulidad de un acto sólo implica la de los sucesivos en el procedimiento, cuando estén vinculados a él.

13.2. La nulidad parcial del acto administrativo no alcanza a las otras partes del acto que resulten independientes de la parte nula, salvo que sea su consecuencia, ni impide la producción de efectos para los cuales no obstante el acto pueda ser idóneo, salvo disposición legal en contrario.

13.3. Quien declara la nulidad, dispone la conservación de aquellas actuaciones o trámites cuyo contenido hubiere permanecido igual de no haberse incurrido en el vicio.

Artículo 14.- Conservación del acto

14.1. Cuando el vicio del acto administrativo por el incumplimiento a sus elementos de validez, no sea trascendente, prevalece la conservación del acto, procediéndose a su enmienda por la propia autoridad emisora.

14.2. Son actos administrativos afectados por vicios no trascendentes, los siguientes:

14.2.1. El acto cuyo contenido sea impreciso o incongruente con las cuestiones surgidas en la motivación.

14.2.2. El acto emitido con una motivación insuficiente o parcial.

14.2.3. El acto emitido con infracción a las formalidades no esenciales del procedimiento, considerando como tales aquellas cuya realización correcta no hubiera impedido o cambiado el sentido de la decisión final en aspectos importantes, o cuyo incumplimiento no afectare el debido proceso del administrado.

14.2.4. Cuando se concluya indudablemente de cualquier otro modo que el acto administrativo hubiese tenido el mismo contenido, de no haberse producido el vicio.

14.2.5. Aquellos emitidos con omisión de documentación no esencial

14.3. No obstante la conservación del acto, subsiste la responsabilidad administrativa de quien emite el acto viciado, salvo que la enmienda se produzca sin pedido de parte y antes de su ejecución.

Artículo 15.- Independencia de los vicios del acto administrativo

Los vicios incurridos en la ejecución de un acto administrativo, o en su notificación a los administrados, son independientes de su validez.

CAPÍTULO III
Eficacia de los actos administrativos

Artículo 16.- Eficacia del acto administrativo

16.1. El acto administrativo es eficaz a partir de que la notificación legalmente realizada produce sus efectos, conforme a lo dispuesto en el presente capítulo.

16.2. El acto administrativo que otorga beneficio al administrado se entiende eficaz desde la fecha de su emisión, salvo disposición diferente del mismo acto.

Artículo 17.- Eficacia anticipada del acto administrativo

17.1. La autoridad podrá disponer en el mismo acto administrativo que tenga eficacia anticipada a su emisión, sólo si fuera más favorable a los administrados, y siempre que no lesione derechos fundamentales o intereses de buena fe legalmente protegidos a terceros y que existiera en la fecha a la que pretenda retrotraerse la eficacia del acto el supuesto de hecho justificativo para su adopción.

17.2. También tienen eficacia anticipada la declaratoria de nulidad y los actos que se dicten en enmienda.

Artículo 18.- Obligación de notificar

18.1. La notificación del acto será practicada de oficio y su debido diligenciamiento será competencia de la entidad que lo dictó.
18.2. La notificación personal podrá ser efectuada a través de la propia entidad, por servicios de mensajería especialmente contratados para el efecto y en caso de zonas alejadas, podrá disponerse se practique por intermedio de las autoridades políticas del ámbito local del administrado. (*)

(*) Numeral modificado por D. Leg. N º 1029 del 24.06.2008

Artículo 19.- Dispensa de notificación

19.1. La autoridad queda dispensada de notificar formalmente a los administrados cualquier acto que haya sido emitido en su presencia, siempre que exista acta de esta actuación procedimental donde conste la asistencia del administrado.
19.2. También queda dispensada de notificar si el administrado tomara conocimiento del acto respectivo mediante su acceso directo y espontáneo al expediente, recabando su copia, dejando constancia de esta situación en el expediente.

Artículo 20.- Modalidades de notificación

20.1. Las notificaciones serán efectuadas a través de las siguientes modalidades, según este respectivo orden de prelación:
　20.1.1. Notificación personal al administrado interesado o afectado por el acto, en su domicilio.

20.1.2. Mediante telegrama, correo certificado, telefax; o cualquier otro medio que permita comprobar fehacientemente su acuse de recibo y quien lo recibe, siempre que el empleo de cualquiera de estos medios hubiese sido solicitado expresamente por el administrado. (*)

20.1.3. Por publicación en el Diario Oficial y en uno de los diarios de mayor circulación en el territorio nacional, salvo disposición distinta de la ley.

20.2. La autoridad no podrá suplir alguna modalidad con otra, bajo sanción de nulidad de la notificación. Podrá acudir complementariamente a aquellas u otras, si así lo estimare conveniente para mejorar las posibilidades de participación de los administrados.

20.3. Tratamiento igual al previsto en este capítulo corresponde a los citatorios, los emplazamientos, los requerimientos de documentos o de otros actos administrativos análogos.

20.4. El administrado interesado o afectado por el acto que hubiera consignado en su escrito alguna dirección electrónica que conste en el expediente podrá ser notificado a través de ese medio siempre que haya dado su autorización expresa para ello. Para este caso no es de aplicación el orden de prelación dispuesto en el numeral 20.1(*)

(*) Numeral modificado y numeral incluido por D. Leg. N º 1029 del 24.06.2008

Artículo 21.- Régimen de la notificación personal

21.1. La notificación personal se hará en el domicilio que conste en el expediente, o en el último domicilio que la persona a quien deba notificar haya señalado ante el órgano administrativo en otro procedimiento análogo en la propia entidad dentro del último año.

21.2. En caso que el administrado no haya indicado domicilio, o que éste sea inexistente, la autoridad deberá emplear el domicilio señalado en el Documento

Nacional de Identidad del administrado. De verificar que la notificación no puede realizarse en el domicilio señalado en el Documento Nacional de Identidad por presentarse alguna de las circunstancias descritas en el numeral 23.1.2 del artículo 23º, se deberá proceder a la notificación mediante publicación. (*)

21.3. En el acto de notificación personal debe entregarse copia del acto notificado y señalar la fecha y hora en que es efectuada, recabando el nombre y firma de la persona con quien se entiende la diligencia. Si ésta se niega a firmar o recibir copia del acto notificado, se hará constar así en el acta, teniéndose por bien notificado. En este caso la notificación dejará constancia de las características del lugar donde se ha notificado. (*)

21.4. La notificación personal, se entenderá con la persona que deba ser notificada o su representante legal, pero de no hallarse presente cualquiera de los dos en el momento de entregar la notificación, podrá entenderse con la persona que se encuentre en dicho domicilio, dejándose constancia de su nombre, documento de identidad y de su relación con el administrado.

21.5. En el caso de no encontrar al administrado u otra persona en el domicilio señalado en el procedimiento, el notificador deberá dejar constancia de ello en el acta y colocar un aviso en dicho domicilio indicando la nueva fecha en que se hará efectiva la siguiente notificación. Si tampoco pudiera entregar directamente la notificación en la nueva fecha, se dejará debajo de la puerta un acta conjuntamente con la notificación, copia de los cuales será incorporados en el expediente. (*)

(*) Numerales modificados y numeral incluido por D. Leg. Nº 1029 del 24.06.2008

Artículo 22.- Notificación a pluralidad de interesados

22.1. Cuando sean varios sus destinatarios, el acto será notificado personalmente a todos, salvo sí actúan unidos bajo una misma representación o si han designado un domicilio común para notificaciones, en cuyo caso éstas se harán en dicha dirección única.

22.2. Si debiera notificarse a más de diez personas que han planteado una sola solicitud con derecho común, la notificación se hará con quien encabeza el escrito inicial, indicándole que trasmita la decisión a sus cointeresados.

Artículo 23.- Régimen de publicación de actos administrativos

23.1. La publicación procederá conforme al siguiente orden:

23.1.1. En vía principal, tratándose de disposiciones de alcance general o aquellos actos administrativos que interesan a un número indeterminado de administrados no apersonados al procedimiento y sin domicilio conocido.

23.1.2. En vía subsidiaria a otras modalidades, tratándose de actos administrativos de carácter particular cuando la ley así lo exija, o la autoridad se encuentre frente a alguna de las siguientes circunstancias evidenciables e imputables al administrado:

- Cuando resulte impracticable otra modalidad de notificación preferente por ignorarse el domicilio del administrado, pese a la indagación realizada.
- Cuando se hubiese practicado infructuosamente cualquier otra modalidad, sea porque la persona a quien deba notificarse haya desaparecido, sea equivocado el domicilio aportado por el administrado o se encuentre en el extranjero sin haber dejado representante legal, pese al requerimiento efectuado a través del Consulado respectivo.

23.2. La publicación de un acto debe contener los mismos elementos previstos para la notificación señalados en este capítulo; pero en el caso de publicar varios actos con elementos comunes, se podrá proceder en forma conjunta con los aspectos coincidentes, especificándose solamente lo individual de cada acto.

Artículo 24.- Plazo y contenido para efectuar la notificación

24.1. Toda notificación deberá practicarse a más tardar dentro del plazo de cinco (5) días, a partir de la expedición del acto que se notifique, y deberá contener:

24.1.1. El texto íntegro del acto administrativo, incluyendo su motivación.

24.1.2. La identificación del procedimiento dentro del cual haya sido dictado.

24.1.3. La autoridad e institución de la cual procede el acto y su dirección.

24.1.4. La fecha de vigencia del acto notificado, y con la mención de si agotare la vía administrativa.

24.1.5. Cuando se trate de una publicación dirigida a terceros, se agregará además cualquier otra información que pueda ser importante para proteger sus intereses y derechos.

24.1.6. La expresión de los recursos que proceden, el órgano ante el cual deben presentarse los recurso y el plazo para interponerlos.

24.2. Si en base a información errónea, contenida en la notificación, el administrado practica algún acto procedimental que sea rechazado por la entidad, el tiempo transcurrido no será tomado en cuenta para determinar el vencimiento de los plazos que correspondan.

Artículo 25.- Vigencia de las notificaciones

Las notificaciones surtirán efectos conforme a las siguientes reglas:

1. Las notificaciones personales: el día que hubieren sido realizadas.
2. Las cursadas mediante correo certificado, oficio, correo electrónico y análogos: el día que conste haber sido recibidas.
3. Las notificaciones por publicaciones: a partir del día de la última publicación en el Diario Oficial.
4. Cuando por disposición legal expresa, un acto administrativo deba ser a la vez

notificado personalmente al administrado y publicado para resguardar derechos o intereses legítimos de terceros no apersonados o indeterminados, el acto producirá efectos a partir de la última notificación.

Para efectos de computar el inicio de los plazos se deberán seguir las normas establecidas en el artículo 133º de la presente Ley, con excepción de la notificación de medidas cautelares o precautorias, en cuyo caso deberá aplicarse lo dispuesto en los numerales del párrafo precedente. (*)

(*) Párrafo modificado por D. Leg. Nº 1029 del 24.06.2008

Artículo 26.- Notificaciones defectuosas

26.1. En caso que se demuestre que la notificación se ha realizado sin las formalidades y requisitos legales, la autoridad ordenará se rehaga, subsanando las omisiones en que se hubiesen incurrido, sin perjuicio para el administrado.

26.2. La desestimación del cuestionamiento a la validez de una notificación, causa que dicha notificación opere desde la fecha en que fue realizada.

Artículo 27.- Saneamiento de notificaciones defectuosas

27.1. La notificación defectuosa por omisión de alguno de sus requisitos de contenido, surtirá efectos legales a partir de la fecha en que el interesado manifiesta expresamente haberla recibido, si no hay prueba en contrario.

27.2. También se tendrá por bien notificado al administrado a partir de la realización de actuaciones procedimentales del interesado que permitan suponer razonablemente que tuvo conocimiento oportuno del contenido o alcance de la resolución, o interponga cualquier recurso que proceda. No se considera tal, la solicitud de notificación realizada por el administrado, a fin que le sea comunicada alguna decisión de la autoridad.

Artículo 28.- Comunicaciones al interior de la administración

28.1. Las comunicaciones entre los órganos administrativos al interior de una entidad serán efectuadas directamente, evitando la intervención de otros órganos.

28.2. Las comunicaciones de resoluciones a otras autoridades nacionales o el requerimiento para el cumplimiento de diligencias en el procedimiento serán cursadas siempre directamente bajo el régimen de la notificación sin actuaciones de mero traslado en razón de jerarquías internas ni transcripción por órganos intermedios.

28.3. Cuando alguna otra autoridad u órgano administrativo interno deba tener conocimiento de la comunicación se le enviará copia informativa.

28.4. La constancia documental de la transmisión a distancia por medios electrónicos entre entidades y autoridades, constituye de por sí documentación auténtica y dará plena fe a todos sus efectos dentro del expediente para ambas partes, en cuanto a la existencia del original transmitido y su recepción.

TÍTULO II
Del procedimiento administrativo

CAPÍTULO I
Disposiciones Generales

Artículo 29.- Definición de procedimiento administrativo

Se entiende por procedimiento administrativo al conjunto de actos y diligencias tramitados en las entidades, conducentes a la emisión de un acto administrativo que produzca efectos jurídicos individuales o individualizables sobre intereses, obligaciones o derechos de los administrados.

Artículo 30.- Calificación de procedimientos administrativos

Los procedimientos administrativos que, por exigencia legal, deben iniciar los administrados ante las entidades para satisfacer o ejercer sus intereses o derechos, se clasifican conforme a las disposiciones del presente capítulo, en: procedimientos de aprobación automática o de evaluación previa por la entidad, y este último a su vez sujeto, en caso de falta de pronunciamiento oportuno, a silencio positivo o silencio negativo. Cada entidad señala estos procedimientos en su Texto Único de Procedimientos Administrativos - TUPA, siguiendo los criterios establecidos en el presente ordenamiento.

Artículo 31.- Régimen del procedimiento de aprobación automática

31.1. En el procedimiento de aprobación automática, la solicitud es considerada aprobada desde el mismo momento de su presentación ante la entidad competente para conocerla, siempre que cumpla con los requisitos y entregue la documentación completa, exigidos en el TUPA de la entidad.

31.2. En este procedimiento, las entidades no emiten ningún pronunciamiento expreso confirmatorio de la aprobación automática, debiendo sólo realizar la fiscalización posterior. Sin embargo, cuando en los procedimientos de aprobación automática se requiera necesariamente de la expedición de un documento sin el cual el usuario no puede hacer efectivo su derecho, el plazo máximo para su expedición es de cinco días hábiles, sin perjuicio de aquellos plazos mayores fijados por leyes especiales anteriores a la vigencia de la presente Ley.

31.3. Como constancia de la aprobación automática de la solicitud del administrado, basta la copia del escrito o del formato presentado conteniendo el sello oficial de recepción, sin observaciones e indicando el número de registro de la solicitud, fecha, hora y firma del agente receptor.

31.4. Son procedimientos de aprobación automática, sujetos a la presunción de veracidad, aquellos conducentes a la obtención de licencias, autorizaciones, constancias y copias certificadas o similares que habiliten para el ejercicio continuado de actividades profesionales, sociales, económicas o laborales en el ámbito privado, siempre que no afecten derechos de terceros y sin perjuicio de la fiscalización posterior que realice la administración.

Artículo 32.- Fiscalización posterior

32.1. Por la fiscalización posterior, la entidad ante la que es realizado un procedimiento de aprobación automática o evaluación previa, queda obligada a verificar de oficio mediante el sistema del muestreo, la autenticidad de las declaraciones, de los documentos, de las informaciones y de las traducciones proporcionadas por el administrado.

32.2. La fiscalización comprende no menos del diez por ciento de todos los expedientes sujetos a la modalidad de aprobación automática, con un máximo de 50 expedientes por semestre, pudiendo incrementarse teniendo en cuenta el impacto que en el interés general, en la economía, en la seguridad o en la salud ciudadana pueda conllevar la ocurrencia de fraude o falsedad en la información, documentación o declaración presentadas. Dicha fiscalización deberá efectuarse semestralmente de acuerdo a los lineamientos que para tal efecto dictará la Presidencia del Consejo de Ministros.

32.3. En caso de comprobar fraude o falsedad en la declaración, información o en la documentación presentada por el administrado, la entidad considerará no satisfecha la exigencia respectiva para todos sus efectos, procediendo a comunicar el hecho a la autoridad jerárquicamente superior, si lo hubiere, para que se declare la nulidad del acto administrativo sustentado en dicha declaración, información o documento; imponga a quien haya empleado esa declaración, información o documento una multa en favor de la entidad entre dos y cinco Unidades Impositivas Tributarias vigentes a la fecha de pago; y, además, si la conducta se adecua a los supuestos previstos en el Título XIX Delitos contra la Fe Pública del Código Penal, ésta deberá ser comunicada al Ministerio Público para que interponga la acción penal correspondiente.

Artículo 33.- Procedimiento de evaluación previa con silencio positivo

(*) Derogado por la Ley N º 29060 publicada el 07.07.2007

Artículo 34.- Procedimientos de evaluación previa con silencio negativo

(*) Derogado por la Ley N º 29060 publicada el 07.07.2007

Artículo 35.- Plazo máximo del procedimiento administrativo de evaluación previa

El plazo que transcurra desde el inicio de un procedimiento administrativo de evaluación previa hasta que sea dictada la resolución respectiva, no puede exceder de treinta (30) días hábiles, salvo que por ley o decreto legislativo se establezcan procedimientos cuyo cumplimiento requiera una duración mayor.

Artículo 36.- Legalidad del procedimiento

36.1. Los procedimientos, requisitos y costos administrativos se establecen exclusivamente mediante decreto supremo o norma de mayor jerarquía, norma de la más alta autoridad regional, de Ordenanza Municipal o de la decisión del titular de las entidades autónomas conforme a la Constitución, según su naturaleza. Dichos procedimientos deben ser compendiados y sistematizados en el Texto Único de Procedimientos Administrativos, aprobados para cada entidad.

36.2. Las entidades solamente exigirán a los administrados el cumplimiento de procedimientos, la presentación de documentos, el suministro de información o el pago por derechos de tramitación, siempre que cumplan con los requisitos previstos en el numeral anterior. Incurre en responsabilidad la autoridad que procede de modo diferente, realizando exigencias a los administrados fuera de estos casos.

36.3. Las disposiciones concernientes a la eliminación de procedimientos o requisitos o a la simplificación de los mismos, podrán aprobarse por Resolución Ministerial, Norma Regional de rango equivalente o Decreto de Alcaldía, según se trate de entidades dependientes del Gobierno Central, Gobiernos Regionales o Locales, respectivamente.

Artículo 37.- Contenido del Texto Único de Procedimientos Administrativos

Todas las entidades elaboran y aprueban o gestionan la aprobación, según el caso, de su Texto Único de Procedimientos Administrativos, el cual comprende:

1. Todos los procedimientos de iniciativa de parte requeridos por los administrados para satisfacer sus intereses o derechos mediante el pronunciamiento de cualquier órgano de la entidad, siempre que esa exigencia cuente con respaldo legal, el cual deberá consignarse expresamente en el TUPA con indicación de la fecha de publicación en el Diario Oficial.

2. La descripción clara y taxativa de todos los requisitos exigidos para la realización completa de cada procedimiento.

3. La calificación de cada procedimiento según corresponda entre procedimientos de evaluación previa o de aprobación automática.

4. En el caso de procedimientos de evaluación previa si el silencio administrativo aplicable es negativo o positivo.
5. Los supuestos en que procede el pago de derechos de tramitación, con indicación de su monto y forma de pago. El monto de los derechos se expresará con relación a la UIT, publicándose en las entidades en moneda de curso legal.
6. Las vías de recepción adecuadas para acceder a los procedimientos contenidos en los TUPA, de acuerdo a lo dispuesto por los Artículos 116 y siguientes de la presente Ley.
7. La autoridad competente para resolver en cada instancia del procedimiento y los recursos a interponerse para acceder a ellas.
8. Los formularios que sean empleados durante la tramitación del respectivo procedimiento administrativo.

El TUPA también incluirá la relación de aquellos servicios prestados en exclusividad por las entidades, cuando el administrado no tiene posibilidad de obtenerlos acudiendo a otro lugar o dependencia. Se precisará con respecto a ellos lo previsto en los incisos 2, 5, 6, 7 y 8, anteriores, en lo que fuera aplicable.

Los requisitos y condiciones para la prestación de los servicios por las entidades serán fijados por decreto supremo refrendado por el Presidente del Consejo de Ministros.

Para aquellos servicios que no sean prestados en exclusividad, las entidades a través de Resolución del Titular del Pliego establecerán los requisitos y costos correspondientes a los mismos, los cuales deberán ser debidamente difundidos para que sean de público conocimiento.

Artículo 38- Aprobación y difusión del Texto Único de Procedimientos Administrativos

38.1. El Texto Único de Procedimientos Administrativos (TUPA) es aprobado por Decreto Supremo del sector, por la norma de máximo nivel de las autoridades regionales, por Ordenanza Municipal, o por Resolución del Titular de organismo constitucionalmente autónomo, según el nivel de gobierno respectivo.

38.2. Cada 2 (dos) años, las entidades están obligadas a publicar el íntegro del TUPA, bajo responsabilidad de su titular; sin embargo, podrán hacerlo antes, cuando consideren que las modificaciones producidas en el mismo lo ameriten. El plazo se computará a partir de la fecha de la última publicación del mismo.

38.3. El TUPA es publicado en el Portal de Servicios al Ciudadano y Empresas – PSCE, y en el Portal Institucional (*)

38.4. Sin perjuicio de la indicada publicación, cada entidad realiza la difusión de su TUPA mediante su ubicación en lugar visible de la entidad.

38.5. Una vez aprobado el TUPA, toda modificación que no implique la creación de nuevos procedimientos, incremento de derechos de tramitación o requisitos, se debe realizar por Resolución Ministerial del Sector, Norma Regional de rango equivalente o Decreto de Alcaldía, o por Resolución del Titular del Organismo Autónomo conforme a la Constitución, según el nivel de gobierno respectivo. En caso contrario, su aprobación se realiza conforme al mecanismo establecido en el numeral 38.1. En ambos casos se publicará la modificación según lo dispuesto por el numeral 38.3.

38.6. Para la elaboración del TUPA se procurará evitar la duplicidad de procedimientos administrativos en las distintas entidades de la administración pública.

(*) Modificado por Ley N º 29091 publicada el 26.09.2007

Artículo 39.- Consideraciones para estructurar el procedimiento

39.1. Solamente serán incluidos como requisitos exigidos para la realización de cada procedimiento administrativo aquellos que razonablemente sean indispensables para obtener el pronunciamiento correspondiente, atendiendo además a sus costos y beneficios.

39.2. Para tal efecto, cada entidad considera como criterios:

39.2.1. La documentación que conforme a esta ley pueda ser solicitada, la impedida de requerir y aquellos sucedáneos establecidos en reemplazo de documentación original.

39.2.2. Su necesidad y relevancia en relación al objeto del procedimiento administrativo y para obtener el pronunciamiento requerido.

39.2.3. La capacidad real de la entidad para procesar la información exigida, en vía de evaluación previa o fiscalización posterior.

Artículo 40.- Documentación prohibida de solicitar

40.1. Para el inicio, prosecución o conclusión de un procedimiento, las entidades quedan prohibidas de solicitar a los administrados la presentación de la siguiente información o la documentación que la contenga:

40.1.1. Aquella que la entidad solicitante posea o deba poseer en virtud de algún trámite realizado anteriormente por el administrado en cualquiera de sus dependencias, o por haber sido fiscalizado por ellas, durante cinco (5) años anteriores inmediatos, siempre que los datos no hubieren sufrido variación ni haya vencido la vigencia del documento entregado. Para acreditarlo, basta que el administrado exhiba la copia del cargo donde conste dicha presentación, debidamente sellado y fechado por la entidad ante la cual hubiese sido suministrada.

40.1.2. Aquella que haya sido expedida por la misma entidad o por otras entidades públicas del sector, en cuyo caso corresponde recabarlas a la propia entidad a solicitud del administrado.

40.1.3. Presentación de más de dos ejemplares de un mismo documento ante la entidad, salvo que sea necesario notificar a otros tantos interesados.

40.1.4. Fotografías, salvo para obtener documentos de identidad, pasaporte o licencias o autorizaciones de índole personal o por razones de seguridad nacional. Los administrados tendrán libertad de escoger la empresa en la cual sean obtenidas las fotografías, con excepción de los casos de digitalización de imágenes.

40.1.5. Documentos de identidad personal distintos a la Libreta Electoral o Documento Nacional de Identidad. Asimismo, sólo se exigirá para los ciudadanos extranjeros carnet de extranjería o pasaporte según corresponda.

40.1.6. Recabar sellos de la propia entidad, que deben ser acopiados por la autoridad a cargo del expediente.

40.1.7. Documentos o copias nuevas, cuando sean presentadas otras, no obstante haber sido producidos para otra finalidad, salvo que sean ilegibles.

40.1.8. Constancia de pago realizado ante la propia entidad por algún trámite, en cuyo caso el administrado sólo queda obligado a informar en su escrito el día de pago y el número de constancia de pago, correspondiendo a la administración la verificación inmediata.

40.2. Las disposiciones contenidas en este artículo no limitan la facultad del administrado para presentar espontáneamente la documentación mencionada, de considerarlo conveniente.

Artículo 41.- Documentos

41.1. Para el cumplimiento de los requisitos correspondientes a los procedimientos administrativos, las entidades están obligadas a recibir los siguientes documentos e informaciones en vez de la documentación oficial, a la cual reemplazan con el mismo mérito probatorio:

41.1.1. Copias simples o autenticadas por los fedatarios institucionales, en reemplazo de documentos originales o copias legalizadas notarialmente de tales documentos. Las copias simples serán aceptadas, estén o no certificadas por notarios, funcionarios o servidores públicos en el ejercicio de sus funciones y tendrán el mismo valor que los documentos originales para el cumplimiento de los requisitos correspondientes a la tramitación de procedimientos administrativos seguidos ante cualquier entidad. Sólo se exigirán copias autenticadas por fedatarios institucionales en los casos en que sea razonablemente indispensable.

41.1.2. Traducciones simples con la indicación y suscripción de quien oficie de traductor debidamente identificado, en lugar de traducciones oficiales.

41.1.3. Las expresiones escritas del administrado contenidas en declaraciones con carácter jurado mediante las cuales afirman su situación o estado favorable en relación con los requisitos que solicita la entidad, en reemplazo de certificaciones oficiales sobre las condiciones especiales del propio administrado, tales como antecedentes policiales, certificados de buena conducta, de domicilio, de supervivencia, de orfandad, de viudez, de pérdida de documentos, entre otros.

41.1.4. Instrumentos privados, boletas notariales o copias simples de las escrituras públicas, en vez de instrumentos públicos de cualquier naturaleza, o testimonios notariales, respectivamente.

41.1.5. Constancias originales suscritas por profesionales independientes debidamente identificados en reemplazo de certificaciones oficiales acerca de las condiciones especiales del administrado o de sus intereses cuya apreciación requiera especiales actitudes técnicas o profesionales para reconocerlas, tales como certificados de salud o planos arquitectónicos, entre otros. Se tratará de profesionales colegiados sólo cuando la norma que regula los requisitos del procedimiento así lo exija.

41.1.6. Copias fotostáticas de formatos oficiales o una reproducción particular de ellos elaborada por el administrador respetando integralmente la estructura de los definidos por la autoridad, en sustitución de los formularios oficiales aprobados por la propia entidad para el suministro de datos.

41.2. La presentación y admisión de los sucedáneos documentales, se hace al amparo del principio de presunción de veracidad y conlleva la realización obligatoria de acciones de fiscalización posterior a cargo de dichas entidades.

41.3. Lo dispuesto en el presente artículo es aplicable aun cuando una norma expresa disponga la presentación de documentos originales.

administrado a presentar la documentación prohibida de exigir, en caso de ser considerado conveniente a su derecho.

Artículo 42.- Presunción de veracidad

42.1. Todas las declaraciones juradas, los documentos sucedáneos presentados y la información incluida en los escritos y formularios que presenten los administrados para la realización de procedimientos administrativos, se presumen verificados por quien hace uso de ellos, así como de contenido veraz para fines administrativos, salvo prueba en contrario.

42.2. En caso de las traducciones de parte, así como los informes o constancias profesionales o técnicas presentadas como sucedáneos de documentación oficial, dicha responsabilidad alcanza solidariamente a quien los presenta y a los que los hayan expedido.

Artículo 43.- Valor de documentos públicos y privados

43.1. Son considerados documentos públicos aquellos emitidos válidamente por los órganos de las entidades.

43.2. La copia de cualquier documento público goza de la misma validez y eficacia que éstos, siempre que exista constancia de que es auténtico.

43.3. La copia del documento privado cuya autenticidad ha sido certificada por el fedatario, tiene validez y eficacia plena, exclusivamente en el ámbito de actividad de la entidad que la autentica.

Artículo 44.- Derecho de tramitación

44.1. Procede establecer derechos de tramitación en los procedimientos administrativos, cuando su tramitación implique para la entidad la prestación de un servicio específico e individualizable a favor del administrado, o en función del costo derivado de las actividades dirigidas a analizar lo solicitado; salvo en los casos en que existan tributos destinados a financiar directamente las actividades de la entidad. Dicho costo incluye los gastos de operación y mantenimiento de la infraestructura asociada a cada procedimiento.

44.2. Son condiciones para la procedencia de este cobro: que la entidad esté facultada para exigirlo por una norma con rango de ley y que esté consignado en su vigente Texto Único de Procedimientos Administrativos.

44.3. No procede establecer cobros por derecho de tramitación para procedimientos iniciados de oficio, ni en aquellos en los que son ejercidos el derecho de petición graciable o el de denuncia ante la entidad por infracciones funcionales de sus propios funcionarios o que deban ser conocidas por las Oficinas de Auditoría Interna.

44.4. No pueden dividirse los procedimientos ni establecerse cobro por etapas.

44.5. La entidad está obligada a reducir los derechos de tramitación en los procedimientos administrativos si, como producto de su tramitación, se hubieren generado excedentes económicos en el ejercido anterior.

44.6. Mediante decreto supremo refrendado por el Presidente del Consejo de Ministros y el Ministro de Economía y Finanzas se precisará los criterios y procedimientos para la determinación de los costos de los procedimientos y servicios administrativos que brinda la administración y para la fijación de los derechos de tramitación.

Artículo 45.- Límite de los derechos de tramitación

45.1. El monto del derecho de tramitación es determinado en función al importe del costo que su ejecución genera para la entidad por el servicio prestado durante toda su tramitación y, en su caso, por el costo real de producción de documentos que expida la entidad. Su monto es sustentado por el funcionario a cargo de la oficina de administración de cada entidad.
uando el costo sea superior a una UIT, se requiere acogerse a un régimen de excepción, el cual será establecido mediante decreto supremo refrendado por el Presidente del Consejo de Ministros y el Ministro de Economía y Finanzas.

45.2. Las entidades no pueden establecer pagos diferenciados para dar preferencia o tratamiento especial a una solicitud distinguiéndola de las demás de su mismo tipo, ni discriminar en función al tipo de administrado que siga el procedimiento.

Artículo 46.- Cancelación de los derechos de tramitación

La forma de cancelación de los derechos de tramitación es establecida en el TUPA institucional, debiendo tender a que el pago a favor de la entidad pueda ser realizado mediante cualquier forma dineraria que permita su constatación, incluyendo abonos en cuentas bancarias o transferencias electrónicas de fondos.

Artículo 47.- Reembolso de gastos administrativos

47.1. Sólo procede el reembolso de gastos administrativos cuando una ley expresamente lo autoriza.
Son gastos administrativos aquellos ocasionados por actuaciones específicas solicitados por el administrado dentro del procedimiento. Se solicita una vez iniciado el procedimiento administrativo y es de cargo del administrado que haya solicitado la

actuación o de todos los administrados, si el asunto fuera de interés común; teniendo derecho a constatar y, en su caso, a observar, el sustento de los gastos a reembolsar.

47.2. No existe condena de costas en ningún procedimiento administrativo.

Artículo 48.- Cumplimiento de las normas del presente capítulo

La Presidencia del Consejo de Ministros tendrá a su cargo garantizar el cumplimiento de las normas establecidas en el presente capítulo en todas las entidades de la administración pública, sin perjuicio de las facultades atribuidas a la Comisión de Acceso al Mercado del Instituto Nacional de la Competencia y Defensa de la Propiedad Intelectual, en el Artículo 26 BIS del Decreto Ley N º 25868 y en el Artículo 61 del Decreto Legislativo N º 776 para conocer y resolver denuncias que los ciudadanos o agentes económicos le formulen sobre el tema.

Cuando en un asunto de competencia de la Comisión de Acceso al Mercado, la barrera burocrática haya sido establecida por un decreto supremo, una resolución ministerial o una norma municipal o regional de carácter general, dicha Comisión se pronunciará, mediante resolución, disponiendo su inaplicación al caso concreto. La resolución de la Comisión podrá ser impugnada ante la Sala de Defensa de la Competencia del Tribunal de Defensa de la Competencia y de la Propiedad Intelectual del INDECOPI.(**)

Sin perjuicio de la inaplicación al caso concreto, la resolución será notificada a la entidad estatal que emitió la norma para que pueda disponer su modificación o derogación.(**)

Asimismo, tratándose de procedimientos iniciados de oficio por la Comisión de Acceso al Mercado, el INDECOPI podrá interponer la demanda de acción popular contra barreras burocráticas contenidas en decretos supremos, a fin de lograr su modificación o derogación y, con el mismo propósito, acudir a la Defensoría del Pueblo para que se interponga la demanda de inconstitucionalidad contra barreras burocráticas contenidas en normas municipales y regionales de carácter general, que tengan rango de ley. (*)(**)

La Presidencia del Consejo de Ministros está facultada para:
1. Asesorar a las entidades en materia de simplificación administrativa y evaluar de manera permanente los procesos de simplificación administrativa al interior de las entidades, para lo cual podrá solicitar toda la información que requiera de éstas.
2. Supervisar y fiscalizar el cumplimiento de las normas de la presente Ley.
3. Detectar los incumplimientos a las normas de la presente Ley y recomendar las modificaciones que considere pertinentes, otorgando a las entidades un plazo perentorio para la subsanación.
4. En caso de no producirse la subsanación, la Presidencia del Consejo de Ministros formulará las propuestas normativas requeridas para realizar las modificaciones que considere pertinentes y realizará las gestiones conducentes a hacer efectiva la responsabilidad de los funcionarios involucrados.
5. Detectar los casos de duplicidad de los procedimientos administrativos en las distintas entidades y proponer las medidas necesarias para su corrección.
6. Dictar Directivas de cumplimiento obligatorio tendientes a garantizar el cumplimiento de las normas de la presente Ley.
7. Realizar las gestiones del caso conducentes a hacer efectiva la responsabilidad de los funcionarios por el incumplimiento de las normas del presente Capítulo, para lo cual cuenta con legitimidad para accionar ante las diversas entidades de la administración pública.
8. Establecer los mecanismos para la recepción de denuncias y otros mecanismos de participación de la ciudadanía. Cuando dichas denuncias se refieran a asuntos de la competencia de la Comisión de Acceso al Mercado, se inhibirá de conocerlas y las remitirá directamente a ésta.
9. Aprobar el acogimiento de las entidades al régimen de excepción para el establecimiento de derechos de tramitación superiores a una (1) UIT.
10. Otras que señalen los dispositivos correspondientes.

Mediante decreto supremo refrendado por el Presidente del Consejo de Ministros se dictarán las medidas reglamentarias y complementarias para la implementación de lo dispuesto en el presente artículo.

(*) Modificado por Ley N º 28032 publicada el 19.07.2003

(**) Modificado por Ley N º 28996 publicada el 04.04.2007

Artículo 49.- Régimen de entidades sin Texto Único de Procedimientos Administrativos vigente

Cuando la entidad no cumpla con publicar su Texto Único de Procedimientos Administrativos, o lo publique omitiendo procedimientos, los administrados, sin perjuicio de hacer efectiva la responsabilidad de la autoridad infractora, quedan sujetos al siguiente régimen:

1. Respecto de los procedimientos administrativos que corresponde ser aprobados automáticamente, los administrados quedan liberados de la exigencia de iniciar ese procedimiento para obtener la autorización previa, para realizar su actividad profesional, social, económica o laboral, sin ser pasibles de sanciones por el libre desarrollo de tales actividades. La suspensión de esta prerrogativa de la autoridad concluye a partir de la publicación del TUPA, sin efecto retroactivo.
2. Respecto de las demás materias sujetas a procedimiento de evaluación previa, se sigue el régimen previsto en cada caso por este Capítulo.

CAPÍTULO II
De los sujetos del procedimiento

Artículo 50.- Sujetos del procedimiento

Para los efectos del cumplimiento de las disposiciones del Derecho Administrativo, se entiende por sujetos del procedimiento a:

1. Administrados: la persona natural o jurídica que, cualquiera sea su calificación o situación procedimental, participa en el procedimiento administrativo. Cuando una entidad interviene en un procedimiento como administrado, se somete a las normas que lo disciplinan en igualdad de facultades y deberes que los demás administrados
2. Autoridad administrativa: el agente de las entidades que bajo cualquier régimen jurídico, y ejerciendo potestades públicas conducen el inicio, la instrucción, la sustanciación, la resolución, la ejecución, o que de otro modo participan en la gestión de los procedimientos administrativos.

Subcapítulo I
De los administrados

Artículo 51.- Contenido del concepto administrado

Se consideran administrados respecto de algún procedimiento administrativo concreto:
1. Quienes lo promuevan como titulares de derechos o intereses legítimos individuales o colectivos.
2. Aquellos que, sin haber iniciado el procedimiento, posean derechos o intereses legítimos que pueden resultar afectados por la decisión a adoptarse.

Artículo 52.- Capacidad procesal

Tienen capacidad procesal ante las entidades las personas que gozan de capacidad jurídica conforme a las leyes.

Artículo 53.- Representación de personas jurídicas

Las personas jurídicas pueden intervenir en el procedimiento a través de sus representantes legales, quienes actúan premunidos de los respectivos poderes.

Artículo 54.- Libertad de actuación procesal

54.1. El administrado está facultado, en sus relaciones con las entidades, para realizar toda actuación que no le sea expresamente prohibida por algún dispositivo jurídico.
54.2. Para los efectos del numeral anterior, se entiende prohibido todo aquello que impida o perturbe los derechos de otros administrados, o el cumplimiento de sus deberes respecto al procedimiento administrativo.

Artículo 55.- Derechos de los administrados

Son derechos de los administrados con respecto al procedimiento administrativo, los siguientes:
1. La precedencia en la atención del servicio público requerido, guardando riguroso orden de ingreso.
2. Ser tratados con respeto y consideración por el personal de las entidades, en condiciones de igualdad con los demás administrados.
3. Acceder, en cualquier momento, de manera directa y sin limitación alguna a la información contenida en los expedientes de los procedimientos administrativos en que sean partes y a obtener copias de los documentos contenidos en el mismo sufragando el costo que suponga su pedido, salvo las excepciones expresamente previstas por ley.
4. Acceder a la información gratuita que deben brindar las entidades del Estado sobre sus actividades orientadas a la colectividad, incluyendo sus fines, competencias, funciones, organigramas, ubicación de dependencias, horarios de atención, procedimientos y características.

5. A ser informados en los procedimientos de oficio sobre su naturaleza, alcance y, de ser previsible, del plazo estimado de su duración, así como de sus derechos y obligaciones en el curso de tal actuación.
6. Participar responsable y progresivamente en la prestación y control de los servicios públicos, asegurando su eficiencia y oportunidad.
7. Al cumplimiento de los plazos determinados para cada servicio o actuación y exigirlo así a las autoridades.
8. Ser asistidos por las entidades para el cumplimiento de sus obligaciones.
9. Conocer la identidad de las autoridades y personal al servicio de la entidad bajo cuya responsabilidad son tramitados los procedimientos de su interés.
10. A que las actuaciones de las entidades que les afecten sean llevadas a cabo en la forma menos gravosa posible.
11. Al ejercicio responsable del derecho de formular análisis, críticas o a cuestionar las decisiones y actuaciones de las entidades.
12. A exigir la responsabilidad de las entidades y del personal a su servicio, cuando así corresponda legalmente, y
13. Los demás derechos reconocidos por la Constitución o las leyes.

Artículo 56.- Deberes generales de los administrados en el procedimiento

Los administrados respecto del procedimiento administrativo, así como quienes participen en él, tienen los siguientes deberes generales:

1. Abstenerse de formular pretensiones o articulaciones ilegales, de declarar hechos contrarios a la verdad o no confirmados como si fueran fehacientes, de solicitar actuaciones meramente dilatorias, o de cualquier otro modo afectar el principio de conducta procedimental
2. Prestar su colaboración para el pertinente esclarecimiento de los hechos.
3. Proporcionar a la autoridad cualquier información dirigida a identificar a otros

administrados no comparecientes con interés legítimo en el procedimiento.
4. Comprobar previamente a su presentación ante la entidad, la autenticidad de la documentación sucedánea y de cualquier otra información que se ampare en la presunción de veracidad.

Artículo 57.- Suministro de información a las entidades

57.1. Los administrados están facultados para proporcionar a las entidades la información y documentos vinculados a sus peticiones o reclamos que estimen necesarios para obtener el pronunciamiento.

57.2. En los procedimientos investigatorios, los administrados están obligados a facilitar la información y documentos que conocieron y fueren razonablemente adecuados a los objetivos de la actuación para alcanzar la verdad material, conforme a lo dispuesto en el capítulo sobre la instrucción.

Artículo 58.- Comparecencia personal

58.1. Las entidades pueden convocar la comparecencia personal a su sede de los administrados sólo cuando así le haya sido facultado expresamente por ley.

58.2. Los administrados pueden comparecer asistidos por asesores cuando sea necesario para la mejor exposición de la verdad de los hechos.

58.3. A solicitud verbal del administrado, la entidad entrega al final del acto, constancia de su comparecencia y copia del acta elaborada.

Artículo 59.- Formalidades de la comparecencia

59.1. El citatorio se rige por el régimen común de la notificación, haciendo constar en ella lo siguiente:

59.1.1. El nombre y la dirección del órgano que cita, con identificación de la autoridad requirente;

59.1.2. El objeto y asunto de la comparecencia;

59.1.3. Los nombres y apellidos del citado;

59.1.4. El día y hora en que debe comparecer el citado, que no puede ser antes del tercer día de recibida la citación, y, en caso de ser previsible, la duración máxima que demande su presencia. Convencionalmente puede fijarse el día y hora de comparecencia;

59.1.5. La disposición legal que faculta al órgano a realizar esta citación; y,

59.1.6. El apercibimiento, en caso de inasistencia al requerimiento.

59.2. La comparecencia debe ser realizada, en lo posible, de modo compatible con las obligaciones laborales o profesionales de los convocados.

59.3. El citatorio que infringe alguno de los requisitos indicados no surte efecto, ni obliga a su asistencia a los administrados.

Artículo 60.- Terceros administrados

60.1. Si durante la tramitación de un procedimiento es advertida la existencia de terceros determinados no comparecientes cuyos derechos o intereses legítimos puedan resultar afectados con la resolución que sea emitida, dicha tramitación y lo actuado les deben ser comunicados mediante citación al domicilio que resulte conocido, sin interrumpir el procedimiento.

60.2. Respecto de terceros administrados no determinados, la citación es realizada mediante publicación o, cuando corresponda, mediante la realización del trámite de información pública o audiencia pública, conforme a esta Ley.

60.3. Los terceros pueden apersonarse en cualquier estado del procedimiento, teniendo los mismos derechos y obligaciones de los participantes en él.

Subcapítulo II
De la autoridad administrativa: Principios generales y competencia

Artículo 61.- Fuente de competencia administrativa

61.1. La competencia de las entidades tiene su fuente en la Constitución y en la ley, y es reglamentada por las normas administrativas que de aquéllas se derivan.

61.2. Toda entidad es competente para realizar las tareas materiales internas necesarias para el eficiente cumplimiento de su misión y objetivos, así como para la distribución de las atribuciones que se encuentren comprendidas dentro de su competencia.

Artículo 62.- Presunción de competencia desconcentrada

62.1. Cuando una norma atribuya a una entidad alguna competencia o facultad sin especificar qué órgano a su interior debe ejercerla, debe entenderse que corresponde al órgano de inferior jerarquía de función más similar vinculada a ella en razón de la materia y de territorio, y, en caso de existir varios órganos posibles, al superior jerárquico común.

62.2. Particularmente compete a estos órganos resolver los asuntos que consistan en la simple confrontación de hechos con normas expresas o asuntos tales como: certificaciones, inscripciones, remisiones al archivo, notificaciones, expedición de copias certificadas de documentos, comunicaciones o la devolución de documentos.

62.3. Cada entidad es competente para realizar tareas materiales internas necesarias para el eficiente cumplimiento de su misión y objetivos.

Artículo 63.- Carácter inalienable de la competencia administrativa

63.1. Es nulo todo acto administrativo o contrato que contemple la renuncia a la titularidad, o la abstención del ejercicio de las atribuciones conferidas a algún órgano administrativo.
63.2. Sólo por ley mediante mandato judicial expreso, en un caso concreto, puede ser exigible a una autoridad no ejercer alguna atribución administrativa.
63.3. La demora o negligencia en el ejercicio de la competencia o su no ejercicio cuando ello corresponda, constituye falta disciplinaria imputable a la autoridad respectiva.

Artículo 64.- Conflicto con la función jurisdiccional

64.1. Cuando, durante la tramitación de un procedimiento, la autoridad administrativa adquiere conocimiento que se está tramitando en sede jurisdiccional una cuestión litigiosa entre dos administrados sobre determinadas relaciones de derecho privado que precisen ser esclarecidas previamente al pronunciamiento administrativo, solicitará al órgano jurisdiccional comunicación sobre las actuaciones realizadas.
64.2. Recibida la comunicación, y sólo si estima que existe estricta identidad de sujetos, hechos y fundamentos, la autoridad competente para la resolución del procedimiento podrá determinar su inhibición hasta que el órgano jurisdiccional resuelva el litigio.

La resolución inhibitoria es elevada en consulta al superior jerárquico, si lo hubiere, aun cuando no medie apelación. Si es confirmada la resolución inhibitoria es comunicada al Procurador Público correspondiente para que, de ser el caso y convenir a los intereses del Estado, se apersone al proceso.

Artículo 65.- Ejercicio de la competencia

65.1. El ejercicio de la competencia es una obligación directa del órgano administrativo que la tenga atribuida como propia, salvo el cambio de competencia por motivos de delegación o evocación, según lo previsto en esta Ley.
65.2. El encargo de gestión, la delegación de firma y la suplencia no suponen alteración de la titularidad de la competencia.
65.3. No puede ser cambiada, alterada o modificada la competencia de las entidades consagradas en la Constitución.

Artículo 66.- Cambios de competencia por motivos organizacionales

Si durante la tramitación de un procedimiento administrativo, la competencia para conocerlo es transferida a otro órgano o entidad administrativa por motivos organizacionales, en éste continuará el procedimiento sin retrotraer etapas ni suspender plazos.

Artículo 67.- Delegación de competencia

67.1. Las entidades pueden delegar el ejercicio de competencia conferida a sus órganos en otras entidades cuando existan circunstancias de índole técnica, económica, social o territorial que lo hagan conveniente.
67.2. Son indelegables las atribuciones esenciales del órgano que justifican su existencia, las atribuciones para emitir normas generales, para resolver recursos administrativos en los órganos que hayan dictado los actos objeto de recurso, y las atribuciones a su vez recibidas en delegación.
67.3. Mientras dure la delegación, no podrá el delegante ejercer la competencia que hubiese delegado, salvo los supuestos en que la ley permite la avocación.

67.4. Los actos administrativos emitidos por delegación indican expresamente esta circunstancia y son considerados emitidos por la entidad delegante.

67.5. La delegación se extingue:

a) Por revocación o avocación.

b) Por el cumplimiento del plazo o la condición previstos en el acto de delegación.

Artículo 68.- Deber de vigilancia del delegante

El delegante tendrá siempre la obligación de vigilar la gestión del delegado, y podrá ser responsable con éste por culpa en la vigilancia.

Artículo 69.- Avocación de competencia

69.1. Con carácter general, la ley puede considerar casos excepcionales de avocación de conocimiento, por parte de los superiores, en razón de la materia, o de la particular estructura de cada entidad.

69.2. La entidad delegante podrá avocarse al conocimiento y decisión de cualquier asunto concreto que corresponda decidir a otra, en virtud de delegación.

Artículo 70.- Disposición común a la delegación y avocación de competencia

Todo cambio de competencia debe ser temporal, motivado, y estar su contenido referido a una serie de actos o procedimientos señalados en el acto que lo origina. La decisión que se disponga deberá ser notificada a los administrados comprendidos en el procedimiento en curso con anterioridad a la resolución que se dicte.

Artículo 71.- Encargo de gestión

71.1. La realización de actividades con carácter material, técnico o de servicios de competencia de un órgano puede ser encargada a otros órganos o entidades por razones de eficacia, o cuando la encargada posea los medios idóneos para su desempeño por sí misma.

71.2. El encargo es formalizado mediante convenio, donde conste la expresa mención de la actividad o actividades a las que afecten el plazo de vigencia, la naturaleza y su alcance.

71.3. El órgano encargante permanece con la titularidad de la competencia y con la responsabilidad por ella, debiendo supervisar la actividad.

71.4. Mediante norma con rango de ley, puede facultarse a las entidades a realizar encargos de gestión a personas jurídicas no estatales, cuando razones de índole técnico y presupuestado lo haga aconsejable bajo los mismos términos previstos en este artículo, dicho encargo deberá realizarse con sujeción al Derecho Administrativo.

Artículo 72.- Delegación de firma

72.1. Los titulares de los órganos administrativos pueden delegar mediante comunicación escrita la firma de actos y decisiones de su competencia en sus inmediatos subalternos, o a los titulares de los órganos o unidades administrativas que de ellos dependan, salvo en caso de resoluciones de procedimientos sancionadores, o aquellas que agoten la vía administrativa.

72.2. En caso de delegación de firma, el delegante es el único responsable y el delegado se limita a firmar lo resuelto por aquél.

72.3. El delegado suscribe los actos con la anotación "por", seguido del nombre y cargo del delegante.

Artículo 73.- Suplencia

73.1. El desempeño de los cargos de los titulares de los órganos administrativos puede ser suplido temporalmente en caso de vacancia o ausencia justificada, por quien designe la autoridad competente para efectuar el nombramiento de aquéllos.
73.2. El suplente sustituye al titular para todo efecto legal, ejerciendo las funciones del órgano con la plenitud de los poderes y deberes que las mismas contienen.
73.3. Si no es designado titular o suplente, el cargo es asumido transitoriamente por quien le sigue en jerarquía en dicha unidad; y ante la existencia de más de uno con igual nivel, por quien desempeñe el cargo con mayor vinculación a la gestión del área que suple; y, de persistir la equivalencia, el de mayor antigüedad; en todos los casos con carácter de interino.

Artículo 74.- Desconcentración

74.1. La titularidad y el ejercicio de competencia asignada a los órganos administrativos se desconcentra en otros jerárquicamente dependientes de aquéllos, siguiendo los criterios establecidos en la presente Ley.
74.2. Los órganos de dirección de las entidades se encuentran liberados de cualquier rutina de ejecución, de emitir comunicaciones ordinarias y de las tareas de formalización de actos administrativos, con el objeto de que puedan concentrarse en actividades de planeamiento, supervisión, coordinación, control interno de su nivel y en la evaluación de resultados.
74.3. A los órganos jerárquicamente dependientes se les transfiere competencia para emitir resoluciones, con el objeto de aproximar a los administrados las facultades administrativas que conciernan a sus intereses.
74.4. Cuando proceda la impugnación contra actos administrativos emitidos en ejercicio de competencia desconcentrada, corresponderá resolver a quien las haya

transferido, salvo disposición legal distinta.

Artículo 75.- Deberes de las autoridades en los procedimientos

Son deberes de las autoridades respecto del procedimiento administrativo y de sus partícipes, los siguientes:

1. Actuar dentro del ámbito de su competencia y conforme a los fines para los que les fueron conferidas sus atribuciones.
2. Desempeñar sus funciones siguiendo los principios del procedimiento administrativo previstos en el Título Preliminar de esta Ley.
3. Encausar de oficio el procedimiento, cuando advierta cualquier error u omisión de los administrados, sin perjuicio de la actuación que les corresponda a ellos.
4. Abstenerse de exigir a los administrados el cumplimiento de requisitos, la realización de trámites, el suministro de información o la realización de pagos, no previstos legalmente.
5. Realizar las actuaciones a su cargo en tiempo hábil, para facilitar a los administrados el ejercicio oportuno de los actos procedimentales de su cargo.
6. Resolver explícitamente todas las solicitudes presentadas, salvo en aquellos procedimientos de aprobación automática.
7. Velar por la eficacia de las actuaciones procedimentales, procurando la simplificación en sus trámites, sin más formalidades que las esenciales para garantizar el respeto a los derechos de los administrados o para propiciar certeza en las actuaciones.
8. Interpretar las normas administrativas de forma que mejor atienda el fin público al cual se dirigen, preservando razonablemente los derechos de los administrados.
9. Los demás previstos en la presente Ley o derivados del deber de proteger, conservar y brindar asistencia a los derechos de los administrados, con la finalidad de preservar su eficacia.

Subcapítulo III
Colaboración entre entidades

Artículo 76.- Colaboración entre entidades

76.1. Las relaciones entre las entidades se rigen por el criterio de colaboración, sin que ello importe renuncia a la competencia propia señalada por ley.

76.2. En atención al criterio de colaboración las entidades deben:

76.2.1. Respetar el ejercicio de competencia de otras entidades, sin cuestionamientos fuera de los niveles institucionales.

76.2.2. Proporcionar directamente los datos e información que posean, sea cual fuere su naturaleza jurídica o posición institucional, a través de cualquier medio, sin más limitación que la establecida por la Constitución o la ley, para lo cual se propenderá a la interconexión de equipos de procesamiento electrónico de información, u otros medios similares.

76.2.3. Prestar en el ámbito propio la cooperación y asistencia activa que otras entidades puedan necesitar para el cumplimiento de sus propias funciones, salvo que les ocasione gastos elevados o ponga en peligro el cumplimiento de sus propias funciones.

76.2.4. Facilitar a las entidades los medios de prueba que se encuentren en su poder, cuando les sean solicitados para el mejor cumplimiento de sus deberes, salvo disposición legal en contrario.

76.3. En los procedimientos sujetos a silencio administrativo positivo el plazo para resolver quedará suspendido cuando una entidad requiera la colaboración de otra para que le proporcione la información prevista en los numerales 76.2.3 y 76.2.4, siempre que ésta sea indispensable para la resolución del procedimiento administrativo. El plazo de suspensión no podrá exceder el plazo dispuesto en el numeral 3 del artículo 132º de la presente Ley. (*)

76.4. Cuando una entidad solicite la colaboración de otra entidad deberá notificar al administrado dentro de los 3 días siguientes de requerida la información. (*)

(*) Numerales incluidos por D. Leg. N º 1029 del 24.06.2008

Artículo 77.- Medios de colaboración interinstitucional

77.1. Las entidades están facultadas para dar estabilidad a la colaboración interinstitucional mediante conferencias entre entidades vinculadas, convenios de colaboración u otros medios legalmente admisibles.

77.2. Las conferencias entre entidades vinculadas permiten a aquellas entidades que correspondan a una misma problemática administrativa, reunirse para intercambiar mecanismos de solución, propiciar la colaboración institucional en aspectos comunes específicos y constituir instancias de cooperación bilateral.

Los acuerdos serán formalizados cuando ello lo amerite, mediante acuerdos suscritos por los representantes autorizados.

77.3. Por los convenios de colaboración, las entidades a través de sus representantes autorizados, celebran dentro de la ley acuerdos en el ámbito de su respectiva competencia, de naturaleza obligatoria para las partes y con cláusula expresa de libre adhesión y separación.

Artículo 78.- Ejecución de la colaboración entre autoridades

78.1. La procedencia de la colaboración solicitada es regulada conforme a las normas propias de la autoridad solicitante, pero su cumplimiento es regido por las normas propias de la autoridad solicitada.

78.2. La autoridad solicitante de la colaboración responde exclusivamente por la legalidad de lo solicitado y por el empleo de sus resultados. La autoridad solicitada responde de la ejecución de la colaboración efectuada.

Artículo 79.- Costas de la colaboración

79.1. La solicitud de colaboración no genera el pago de tasas, derechos administrativos o de cualquier otro concepto que implique pago alguno, entre entidades de la administración pública.(*)(**).

79.2. A petición de la autoridad solicitada, la autoridad solicitante de otra entidad tendrá que pagar a ésta los gastos efectivos realizados cuando las acciones se encuentren fuera del ámbito de actividad ordinaria de la entidad.

    (*) Modificado por Ley N º 28160 del 08.01.2004

    (**) Numeral modificado D. Leg. N º 1029 del 24.06.2008

Subcapítulo IV
Conflictos de competencia y abstención

Artículo 80.- Control de competencia

Recibida la solicitud o la disposición de autoridad superior, según el caso, para iniciar un procedimiento, las autoridades de oficio deben asegurarse de su propia competencia para proseguir con el normal desarrollo del procedimiento, siguiendo los criterios aplicables al caso de la materia, el territorio, el tiempo, el grado o la cuantía.

Artículo 81.- Conflictos de competencia

81.1. La incompetencia puede ser declarada de oficio, una vez apreciada conforme al artículo anterior o a instancia de los administrados, por el órgano que conoce del asunto o por el superior jerárquico.

81.2. En ningún caso, los niveles inferiores pueden sostener competencia con un superior debiéndole, en todo caso, exponer las razones para su discrepancia.

Artículo 82.- Declinación de competencia

82.1. El órgano administrativo que se estime incompetente para la tramitación o resolución de un asunto remite directamente las actuaciones al órgano que considere competente, con conocimiento del administrado.

82.2. El órgano que declina su competencia, a solicitud de parte y hasta antes que otro asuma, puede adoptar las medidas cautelares necesarias para evitar daños graves o irreparables a la entidad o a los administrados, comunicándolo al órgano competente.

Artículo 83.- Conflicto negativo de competencia

En caso de suscitarse conflicto negativo de competencia, el expediente es elevado al órgano inmediato superior para que resuelva el conflicto.

Artículo 84.- Conflicto positivo de competencia

84.1. El órgano que se considere competente requiere de inhibición al que está conociendo del asunto, el cual si está de acuerdo, envía lo actuado a la autoridad requirente para que continúe el trámite.

84.2. En caso de sostener su competencia la autoridad requerida, remite lo actuado al superior inmediato para que dirima el conflicto.

Artículo 85.- Resolución de conflicto de competencia

En todo conflicto de competencia, el órgano a quien se remite el expediente dicta resolución irrecurrible dentro del plazo de cuatro días.

Artículo 86.- Competencia para resolver conflictos

86.1. Compete resolver los conflictos positivos o negativos de competencia de una misma entidad, al superior jerárquico común, y, si no lo hubiere, al titular de la entidad.
86.2. Los conflictos de competencia entre autoridades de un mismo Sector son resueltos por el responsable de éste, y los conflictos entre otras autoridades del Poder Ejecutivo son resueltos por la Presidencia del Consejo de Ministros, mediante decisión inmotivada; sin ser llevada por las autoridades en ningún caso a los tribunales.
86.3. Los conflictos de competencia entre otras entidades se resuelven conforme a lo que disponen la Constitución y las leyes.

Artículo 87.- Continuación del procedimiento

Luego de resuelto el conflicto de competencia, el órgano que resulte competente para conocer el asunto continúa el procedimiento según su estado y conserva todo lo actuado, salvo aquello que no sea jurídicamente posible.

Artículo 88.- Causales de abstención

La autoridad que tenga facultad resolutiva o cuyas opiniones sobre el fondo del procedimiento puedan influir en el sentido de la resolución, debe abstenerse de participar en los asuntos cuya competencia le esté atribuida, en los siguientes casos:
1. Si es pariente dentro del cuarto grado de consanguinidad o segundo de afinidad, con cualquiera de los administrados o con sus representantes, mandatarios, con los administradores de sus empresas, o con quienes les presten servicios.
2. Si ha tenido intervención como asesor, perito o testigo en el mismo procedimiento, o

si como autoridad hubiere manifestado previamente su parecer sobre el mismo, de modo que pudiera entenderse que se ha pronunciado sobre el asunto, salvo la rectificación de errores o la decisión del recurso de reconsideración.
3. Si personalmente, o bien su cónyuge o algún pariente dentro del cuarto grado de consanguinidad o segundo de afinidad, tuviere interés en el asunto de que se trate o en otra semejante, cuya resolución pueda influir en la situación de aquél.
4. Cuando tuviere amistad íntima, enemistad manifiesta o conflicto de intereses objetivo con cualquiera de los administrados intervinientes en el procedimiento, que se hagan patentes mediante actitudes o hechos evidentes en el procedimiento.
5. Cuando tuviere o hubiese tenido en los últimos dos años, relación de servicio o de subordinación con cualquiera de los administrados o terceros directamente interesados en el asunto, o si tuviera en proyecto una concertación de negocios con alguna de las partes, aun cuando no se concrete posteriormente.

Artículo 89.- Promoción de la abstención

89.1. La autoridad que se encuentre en alguna de las circunstancias señaladas en el artículo anterior, dentro de los dos (2) días hábiles siguientes a aquel en que comenzó a conocer el asunto, o en que conoció la causal sobreviniente, plantea su abstención en escrito razonado, y remite lo actuado al superior jerárquico inmediato, al presidente del órgano colegiado o al pleno, según el caso, para que sin más trámite, se pronuncie sobre la abstención dentro del tercer día.

89.2. Cuando la autoridad no se abstuviera a pesar de existir alguna de las causales expresadas, el administrado puede hacer conocer dicha situación al titular de la entidad, o al pleno, si fuere órgano colegiado, en cualquier momento.

Artículo 90.- Disposición superior de abstención

90.1. El superior jerárquico inmediato ordena, de oficio, o a pedido de los administrados, la abstención del agente incurso en alguna de las causales a que se refiere el Artículo 89 de la presente Ley.
90.2. En este mismo acto designa a quien continuará conociendo del asunto, preferentemente entre autoridades de igual jerarquía, y le remitirá el expediente.
90.3. Cuando no hubiere otra autoridad pública apta para conocer del asunto, el superior optará por habilitar a una autoridad ad hoc, o disponer que el incurso en causal de abstención tramite y resuelva el asunto, bajo su directa supervisión.

Artículo 91.- Consecuencias de la no abstención

91.1. La participación de la autoridad en el que concurra cualquiera de las causales de abstención, no implica necesariamente la invalidez de los actos administrativos en que haya intervenido, salvo en el caso en que resulte evidente la imparcialidad o arbitrariedad manifiesta o que hubiera ocasionado indefensión al administrado.
91.2. Sin perjuicio de ello, el superior jerárquico dispone el inicio de las acciones de responsabilidad administrativa, civil o penal contra la autoridad que no se hubiese abstenido de intervenir, conociendo la existencia de la causal.

Artículo 92.- Trámite de abstención

La tramitación de una abstención se realizará en vía incidental, sin suspender los plazos para resolver o para que opere el silencio administrativo.

Artículo 93.- Impugnación de la decisión

La resolución de esta materia no es impugnable en sede administrativa, salvo la posibilidad de alegar la no abstención, como fundamento del recurso administrativo contra la resolución final.

Artículo 94.- Apartamiento de la autoridad abstenida

La autoridad que por efecto de la abstención sea apartada del procedimiento, coopera para contribuir a la celeridad de la atención del procedimiento, sin participar en reuniones posteriores ni en la deliberación de la decisión.

Subcapítulo V
Órganos colegiados

Artículo 95.- Régimen de los órganos colegiados

Se sujetan a las disposiciones del presente apartado, el funcionamiento interno de los órganos colegiados, permanentes o temporales de las entidades, incluidos aquellos en los que participen representantes de organizaciones gremiales, sociales o económicas no estatales.

Artículo 96.- Autoridades de los órganos colegiados

96.1. Cada órgano colegiado de las entidades es representado por un Presidente, a cargo de asegurar la regularidad de las deliberaciones y ejecutar sus acuerdos, y cuenta con un Secretario, a cargo de preparar la agenda, llevar, actualizar y conservar las actas de las sesiones, comunicar los acuerdos, otorgar copias y demás actos propios de la naturaleza del cargo.

96.2. A falta de nominación expresa en la forma prescrita por el ordenamiento, los cargos indicados son elegidos por el propio órgano colegiado entre sus integrantes, por mayoría absoluta de votos.

96.3. En caso de ausencia justificada, pueden ser sustituidos con carácter provisional por los suplentes o, en su defecto, por quien el colegiado elija entre sus miembros.

Artículo 97.- Atribuciones de los miembros

Corresponde a los miembros de los órganos colegiados:

1. Recibir con la antelación prudencial, la convocatoria a las sesiones, con la agenda conteniendo el orden del día y la información suficiente sobre cada tema, de manera que puedan conocer las cuestiones que deban ser debatidas.
2. Participar en los debates de las sesiones.
3. Ejercer su derecho al voto y formular cuando lo considere necesario su voto singular, así como expresar los motivos que lo justifiquen. La fundamentación de un voto singular puede ser realizada en el mismo momento o entregarse por escrito hasta el día siguiente.
4. Formular peticiones de cualquier clase, en particular para incluir temas en la agenda, y formular preguntas durante los debates.
5. Recibir y obtener copia de cualquier documento o acta de las sesiones del órgano colegiado.

Artículo 98.- Régimen de las sesiones

98.1. Todo colegiado se reúne ordinariamente con la frecuencia y en el día que indique su ordenamiento; y, a falta de ambos, cuando él lo acuerde.

98.2. La convocatoria de los órganos colegiados corresponde al Presidente y debe ser notificada conjuntamente con la agenda del orden del día con una antelación prudencial, salvo las sesiones de urgencia o periódicas en fecha fija, en que podrá obviarse la convocatoria.

98.3. No obstante, queda válidamente constituido sin cumplir los requisitos de convocatoria u orden del día, cuando se reúnan todos sus miembros y acuerden por unanimidad iniciar la sesión.

98.4. Iniciada la sesión, no puede ser objeto de acuerdo ningún asunto fuera del orden del día, salvo que estén presentes todos los integrantes del órgano colegiado y aprueben mediante su voto unánime la inclusión, en razón a la urgencia de adoptar acuerdo sobre ello.

Artículo 99.- Quórum para sesiones

99.1. El quórum para la instalación y sesión válida del órgano colegiado es la mayoría absoluta de sus componentes.

99.2. Si no existiera quórum para la primera sesión, el órgano se constituye en segunda convocatoria el día siguiente de la señalada para la primera, con un quórum de la tercera parte del número legal de sus miembros, y en todo caso, en número no inferior a tres.

99.3. Instalada una sesión, puede ser suspendida sólo por fuerza mayor, con cargo a continuarla en la fecha y lugar que se indique al momento de suspenderla. De no ser posible indicarlo en la misma sesión, la Presidencia convoca la fecha de reinicio notificando a todos los miembros con antelación prudencial.

Artículo 100.- Quórum para votaciones

100.1. Los acuerdos son adoptados por los votos de la mayoría de asistentes al tiempo de la votación en la sesión respectiva, salvo que la ley expresamente establezca una regla distinta; correspondiendo a la Presidencia voto dirimente en caso de empate.

100.2. Los miembros del órgano colegiado que expresen votación distinta a la mayoría deben hacer constar en acta su posición y los motivos que la justifiquen. El Secretario hará constar este voto en el acta junto con la decisión adoptada.

100.3. En caso de órganos colegiados consultivos o informantes, al acuerdo mayoritario se acompaña el voto singular que hubiere.

Artículo 101.- Obligatoriedad del voto

101.1. Salvo disposición legal en contrario, los integrantes de órganos colegiados asistentes a la sesión y no impedidos legalmente de intervenir, deben afirmar su posición sobre la propuesta en debate, estando prohibido inhibirse de votar.

101.2. Cuando la abstención de voto sea facultada por ley, tal posición deberá ser fundamentada por escrito.

Artículo 102.- Acta de sesión

102.1. De cada sesión es levantada un acta, que contiene la indicación de los asistentes, así como del lugar y tiempo en que ha sido efectuada, los puntos de deliberación, cada acuerdo por separado, con indicación de la forma y sentido de los votos de todos los participantes. El acuerdo expresa claramente el sentido de la decisión adoptada y su fundamento.

102.2. El acta es leída y sometida a la aprobación de los miembros del órgano colegiado al final de la misma sesión o al inicio de la siguiente, pudiendo no obstante el Secretario certificar los acuerdos específicos ya aprobados, así como el pleno autorizar la ejecución inmediata de lo acordado.

102.3. Cada acta, luego de aprobada, es firmada por el Secretario, el Presidente, por quienes hayan votado singularmente y por quienes así lo soliciten.

CAPÍTULO III
Iniciación del procedimiento

Artículo 103.- Formas de iniciación del procedimiento

El procedimiento administrativo es promovido de oficio por el órgano competente o instancia del administrado, salvo que por disposición legal o por su finalidad corresponda ser iniciado exclusivamente de oficio o a instancia del interesado.

Artículo 104.- Inicio de oficio

104.1. Para el inicio de oficio de un procedimiento debe existir disposición de autoridad superior que la fundamente en ese sentido, una motivación basada en el cumplimiento de un deber legal o el mérito de una denuncia.

104.2. El inicio de oficio del procedimiento es notificado a los administrados determinados cuyos intereses o derechos protegidos puedan ser afectados por los actos a ejecutar, salvo en caso de fiscalización posterior a solicitudes o a su documentación, acogidos a la presunción de veracidad. La notificación incluye la información sobre la naturaleza, alcance y de ser previsible, el plazo estimado de su duración, así como de sus derechos y obligaciones en el curso de tal actuación.

104.3. La notificación es realizada inmediatamente luego de emitida la decisión, salvo que la normativa autorice que sea diferida por su naturaleza confidencial basada en el interés público.

Artículo 105.- Derecho a formular denuncias

105.1. Todo administrado está facultado para comunicar a la autoridad competente aquellos hechos que conociera contratos al ordenamiento, sin necesidad de sustentar la afectación inmediata de algún derecho o interés legítimo, ni que por esta actuación sea considerado sujeto del procedimiento.

105.2. La comunicación debe exponer claramente la relación de los hechos, las circunstancias de tiempo, lugar y modo que permitan su constatación, la indicación de sus presuntos autores, partícipes y damnificados, el aporte de la evidencia o su descripción para que la administración proceda a su ubicación, así como cualquier otro elemento que permita su comprobación.

105.3. Su presentación obliga a practicar las diligencias preliminares necesarias y, una vez comprobada su verosimilitud, a iniciar de oficio la respectiva fiscalización. El rechazo de una denuncia debe ser motivado y comunicado al denunciante, si estuviese individualizado.

Artículo 106.- Derecho de petición administrativa

106.1. Cualquier administrado, individual o colectivamente, puede promover por escrito el inicio de un procedimiento administrativo ante todas y cualesquiera de las entidades, ejerciendo el derecho de petición reconocido en el Artículo 2 inciso 20) de la Constitución Política del Estado.

106.2. El derecho de petición administrativa comprende las facultades de presentar solicitudes en interés particular del administrado, de realizar solicitudes en interés general de la colectividad, de contradecir actos administrativos, las facultades de pedir informaciones, de formular consultas y de presentar solicitudes de gracia.

106.3. Este derecho implica la obligación de dar al interesado una respuesta por escrito dentro del plazo legal.

Artículo 107.- Solicitud en interés particular del administrado

Cualquier administrado con capacidad jurídica tiene derecho a presentarse personalmente o hacerse representar ante la autoridad administrativa, para solicitar por escrito la satisfacción de su interés legítimo, obtener la declaración, el reconocimiento u otorgamiento de un derecho, la constancia de un hecho, ejercer una facultad o formular legítima oposición.

Artículo 108.- Solicitud en interés general de la colectividad

108.1. Las personas naturales o jurídicas pueden presentar petición o contradecir actos ante la autoridad administrativa competente, aduciendo el interés difuso de la sociedad.

108.2. Comprende esta facultad la posibilidad de comunicar y obtener respuesta sobre la existencia de problemas, trabas u obstáculos normativos o provenientes de prácticas administrativas que afecten el acceso a las entidades, la relación con administrados o el cumplimiento de los principios procedimentales, así como a presentar alguna sugerencia o iniciativa dirigida a mejorar la calidad de los servicios, incrementar el rendimiento o cualquier otra medida que suponga un mejor nivel de satisfacción de la sociedad respecto a los servicios públicos.

Artículo 109.- Facultad de contradicción administrativa

109.1. Frente a un acto que supone que viola, afecta, desconoce o lesiona un derecho o un interés legítimo, procede su contradicción en la vía administrativa en la forma prevista en esta Ley, para que sea revocado, modificado, anulado o sean suspendidos sus efectos.

109.2. Para que el interés pueda justificar la titularidad del administrado, debe ser

legítimo, personal, actual y probado. El interés puede ser material o moral.
109.3. La recepción o atención de una contradicción no puede ser condicionada al previo cumplimiento del acto respectivo.

Artículo 110.- Facultad de solicitar información

110.1. El derecho de petición incluye el de solicitar la información que obra en poder de las entidades, siguiendo el régimen previsto en la Constitución y la Ley.
110.2. Las entidades establecen mecanismos de atención a los pedidos sobre información específica y prevén el suministro de oficio a los interesados, incluso vía telefónica, de la información general sobre los temas de interés recurrente para la ciudadanía.

Artículo 111.- Facultad de formular consultas

111.1. El derecho de petición incluye las consultas por escrito a las autoridades administrativas, sobre las materias a su cargo y el sentido de la normativa vigente que comprende su accionar, particularmente aquella emitida por la propia entidad.
111.2. Cada entidad atribuye a una o más de sus unidades competencia para absolver las consultas sobre la base de los precedentes de interpretación seguidos en ella.

Artículo 112.- Facultad de formular peticiones de gracia

112.1. Por la facultad de formular peticiones de gracia, el administrado puede solicitar al titular de la entidad competente la emisión de un acto sujeto a su discrecionalidad o a su libre apreciación, o prestación de un servicio cuando no cuenta con otro título legal específico que permita exigirlo como una petición en interés particular.

112.2. Frente a esta petición, la autoridad comunica al administrado la calidad graciable de lo solicitado y es atendido directamente mediante la prestación efectiva de lo pedido, salvo disposición expresa de la ley que prevea una decisión formal para su aceptación.

112.3. Este derecho se agota con su ejercicio en la vía administrativa, sin perjuicio del ejercicio de otros derechos reconocidos por la Constitución.

Artículo 113.- Requisitos de los escritos

Todo escrito que se presente ante cualquier entidad debe contener lo siguiente:
1. Nombres y apellidos completos, domicilio y número de Documento Nacional de Identidad o carné de extranjería del administrado, y en su caso, la calidad de representante y de la persona a quien represente.
2. La expresión concreta de lo pedido, los fundamentos de hecho que lo apoye y, cuando le sea posible, los de derecho.
3. Lugar, fecha, firma o huella digital, en caso de no saber firmar o estar impedido.
4. La indicación del órgano, la entidad o la autoridad a la cual es dirigida, entendiéndose por tal, en lo posible, a la autoridad de grado más cercano al usuario, según la jerarquía, con competencia para conocerlo y resolverlo.
5. La dirección del lugar donde se desea recibir las notificaciones del procedimiento, cuando sea diferente al domicilio real expuesto en virtud del numeral 1. Este señalamiento de domicilio surte sus efectos desde su indicación y es presumido subsistente, mientras no sea comunicado expresamente su cambio.
6. La relación de los documentos y anexos que acompaña, indicados en el TUPA.
7. La identificación del expediente de la materia, tratándose de procedimientos ya iniciados.

Artículo 114.- Copias de escritos

114.1. El escrito es presentado en papel simple acompañado de una copia conforme y legible, salvo que fuere necesario un número mayor para notificar a terceros. La copia es devuelta al administrado con la firma de la autoridad y el sello de recepción que indique fecha, hora y lugar de presentación.

114.2. El cargo así expedido tiene el mismo valor legal que el original.

Artículo 115.- Representación del administrado

115.1. Para la tramitación ordinaria de los procedimientos, es requerido poder general formalizado mediante simple designación de persona cierta en el escrito, o acreditando una carta poder con firma del administrado.

115.2. Para el desistimiento de la pretensión o del procedimiento, acogerse a las formas de terminación convencional del procedimiento o, para el cobro de dinero, es requerido poder especial indicando expresamente el o los actos para los cuales fue conferido. El poder especial es formalizado a elección del administrado, mediante documento privado con firmas legalizadas ante notario o funcionario público autorizado para el efecto, así como mediante declaración en comparecencia personal del administrado y representante ante la autoridad.

115.3. El empleo de la representación no impide la intervención del propio administrado cuando lo considere pertinente, ni el cumplimiento por éste de las obligaciones que exijan su comparecencia personal según las normas de la presente Ley.

Artículo 116.- Acumulación de solicitudes

116.1. En caso de ser varios los administrados interesados en obtener un mismo acto administrativo sin intereses incompatibles, pueden comparecer conjuntamente por medio de un solo escrito, conformando un único expediente.

116.2. Pueden acumularse en un solo escrito más de una petición siempre que se trate de asuntos conexos que permitan tramitarse y resolverse conjuntamente, pero no planteamientos subsidiarios o alternativos.

116.3. Si a criterio de la autoridad administrativa no existiera conexión o existiera incompatibilidad entre las peticiones planteadas en un escrito, se les emplazará para que presente peticiones por separado, bajo apercibimiento de proceder de oficio a sustanciarlas individualmente si fueren separables, o en su defecto disponer el abandono del procedimiento.

Artículo 117.- Recepción documental

117.1. Cada entidad tiene su unidad general de recepción documental, trámite documentado o mesa de partes, salvo cuando la entidad brinde servicios en varios inmuebles ubicados en zonas distintas, en cuyo caso corresponde abrir en cada local registros auxiliares al principal, al cual reportan todo registro que realicen.

117.2. Tales unidades están a cargo de llevar un registro del ingreso de los escritos que sean presentados y la salida de aquellos documentos emitidos por la entidad dirigidos a otros órganos o administrados. Para el efecto, expiden el cargo, practican los asientos respectivos respetando su orden de ingreso o salida, indicando su número de ingreso, naturaleza, fecha, remitente y destinatario. Concluido el registro, los escritos o resoluciones deben ser cursados el mismo día a sus destinatarios.

117.3. Dichas unidades tenderán a administrar su información en soporte informático, cautelando su integración a un sistema único de trámite documentado.

117.4. También a través de dichas unidades los administrados realizan todas las gestiones pertinentes a sus procedimientos y obtienen la información que requieran con dicha finalidad.

Artículo 118.- Reglas para celeridad en la recepción

Las entidades adoptan las siguientes acciones para facilitar la recepción personal de los escritos de los administrados y evitar su aglomeración:
1. La puesta en vigencia de programas de racionalización del tiempo de atención por usuario y la mayor provisión simultánea de servidores dedicados exclusivamente a la atención de los usuarios.
2. El servicio de asesoramiento a los usuarios para completar formularios o modelo de documentos.
3. Adecuar su régimen de horas hábiles para la atención al público, a fin de adaptarlo a las formas previstas en el Artículo 137.
4. Estudiar la estacionalidad de la demanda de sus servicios y dictar las medidas preventivas para evitarla.
5. Instalar mecanismos de autoservicio que permita a los usuarios suministrar directamente su información, tendiendo al empleo de niveles avanzados de digitalización.

Artículo 119.- Reglas generales para la recepción documental

Los escritos que los administrados dirigen a las entidades pueden ser presentados de modo personal o a través de terceros, ante las unidades de recepción de:
1. Los órganos administrativos a los cuales van dirigidos.
2. Los órganos desconcentrados de la entidad.
3. Las autoridades políticas del Ministerio del Interior en la circunscripción correspondiente.

4. En las oficinas de correo, en la manera expresamente prevista en esta Ley.
5. En las representaciones diplomáticas u oficinas consulares en el extranjero, tratándose de administrados residentes en el exterior, quienes derivan los escritos a la entidad competente, con indicación de la fecha de su presentación.

Artículo 120.- Presentación mediante correo certificado

120.1. Los administrados pueden remitir sus escritos, con recaudos completos, mediante correo certificado con acuse de recibo a la entidad competente, la que consigna en su registro el número del certificado y la fecha de recepción.

120.2. El administrado exhibe al momento de su despacho el escrito en sobre abierto y cautela que el agente postal imprima su sello fechador tanto en su escrito como en el sobre.

120.3. En caso de duda, debe estarse a la fecha del sello estampado en el escrito, y, en su defecto, a la fecha de recepción por la entidad.

120.4. Esta modalidad no cabe para la presentación de recursos administrativos ni en procedimientos trilaterales.

Artículo 121.- Recepción por medios alternativos

121.1. Los administrados que residan fuera de la provincia donde se ubica la unidad de recepción de la entidad competente pueden presentar los escritos dirigidos a otras dependencias de la entidad por intermedio del órgano desconcentrado ubicado en su lugar de domicilio.

121.2. Cuando las entidades no dispongan de servicios desconcentrados en el área de residencia del administrado, los escritos pueden ser presentados en las oficinas de las autoridades políticas del Ministerio del Interior del lugar de su domicilio.

121.3. Dentro de las veinticuatro horas inmediatas siguientes, dichas unidades remiten lo recibido a la autoridad destinataria mediante cualquier medio expeditivo a su alcance, indicando la fecha de su presentación.

Artículo 122º.- Presunción común a los medios de recepción alternativa

Para los efectos de vencimiento de plazos, se presume que los escritos y comunicaciones presentados a través del correo certificado, de los órganos desconcentrados y de las autoridades del Ministerio del Interior, han ingresado en la entidad destinataria en la fecha y hora en que fueron entregados a cualquiera de las dependencias señaladas.

Cuando se trate de solicitudes sujetas a silencio administrativo positivo, el plazo que dispone la entidad destinataria para resolver se computará desde la fecha de recepción por ésta.

En el caso que la entidad que reciba no sea la competente para resolver, remitirá los escritos y comunicaciones a la entidad de destino en el término de la distancia, la que informará al administrado de la fecha en que los recibe. (*)

(*)Modificado D. Leg. Nº 1029 del 24.06.2008

Artículo 123.- Recepción por transmisión de datos a distancia

123.1. Los administrados pueden solicitar que el envío de información o documentación que le corresponda recibir dentro de un procedimiento sea realizado por medios de transmisión a distancia, tales como correo electrónico o facsímil.

123.2. Siempre que cuenten con sistemas de transmisión de datos a distancia, las entidades facilitan su empleo para la recepción de documentos o solicitudes y remisión de sus decisiones a los administrados.

123.3. Cuando se emplean medios de transmisión de datos a distancia, debe presentarse físicamente dentro del tercer día el escrito o la resolución respectiva, con cuyo cumplimiento se le entenderá recibido en la fecha de envío del correo electrónico o facsímil.

Artículo 124.- Obligaciones de unidades de recepción

124.1. Las unidades de recepción documental orientan al administrado en la presentación de sus solicitudes y formularios, quedando obligadas a recibirlos y darles ingreso para iniciar o impulsar los procedimientos, sin que en ningún caso pueda calificar, negar o diferir su admisión.

124.2. Quien recibe las solicitudes o formularios debe anotar bajo su firma en el propio escrito, la hora, fecha y lugar en que lo recibe, el número de fojas que contenga, la mención de los documentos acompañados y de la copia presentada. Como constancia de recepción, es entregada la copia presentada diligenciada con las anotaciones respectivas y registrada, sin perjuicio de otras modalidades adicionales, que por razón del trámite sea conveniente extender.

Artículo 125.- Observaciones a documentación presentada

125.1. Deben ser recibidos todos los formularios o escritos presentados, no obstante incumplir los requisitos establecidos en la presente Ley, que no estén acompañados de los recaudos correspondientes o se encuentren afectados por otro defecto u omisión formal prevista en el TUPA, que amerite corrección. En un solo acto y por única vez, la unidad de recepción al momento de su presentación realiza las observaciones por incumplimiento de requisitos que no puedan ser salvadas de oficio, invitando al administrado a subsanarlas dentro de un plazo máximo de dos días hábiles.

125.2. La observación debe anotarse bajo firma del receptor en la solicitud y en la copia que conservará el administrado, con las alegaciones respectivas si las hubiere, indicando que, si así no lo hiciera, se tendrá por no presentada su petición.

125.3. Mientras esté pendiente la subsanación, son aplicables las siguientes reglas:

   125.3.1. No procede el cómputo de plazos para que opere el silencio administrativo, ni para la presentación de la solicitud o el recurso.

   125.3.2. No procede la aprobación automática del procedimiento administrativo, de ser el caso.

   125.3.3. La unidad no cursa la solicitud o el formulario a la dependencia competente para sus actuaciones en el procedimiento.

125.4. Transcurrido el plazo sin que ocurra la subsanación, la entidad considera como no presentada la solicitud o formulario y la devuelve con sus recaudos cuando el interesado se apersone a reclamarles, reembolsándole el monto de los derechos de tramitación que hubiese abonado.

125.5. Si la documentación presentada no se ajusta a lo requerido impidiendo la continuación del procedimiento, lo cual por su naturaleza no pudo ser advertido por la unidad de recepción al momento de su presentación, así como si resultara necesaria una actuación del administrado para continuar con el procedimiento, la Administración por única vez, deberá emplazar inmediatamente al administrado, a fin de que realice la subsanación correspondiente. Mientras esté pendiente dicha subsanación son aplicables las reglas establecidas en los numerales 125.3.1 y 125.3.2. De no subsanar oportunamente lo requerido resulta de aplicación lo dispuesto en el artículo 191º.

En este caso no resulta aplicable la queja a que se refiere el numeral 126.2 del artículo 126º, salvo que la Administración emplace nuevamente al administrado a fin de que efectúe subsanaciones adicionales. (*)

(*) Numeral incluido por D. Leg. Nº 1029 del 24.06.2008

Artículo 126.- Subsanación documental

126.1. Ingresado el escrito o formulada la subsanación debidamente, se considera recibido a partir del documento inicial, salvo que el procedimiento confiera prioridad registral o se trate de un procedimiento trilateral, en cuyo caso la presentación opera a partir de la subsanación.

126.2. Si el administrado subsanara oportunamente las omisiones o defectos indicados por la entidad, y el escrito o formulario fuera objetado nuevamente debido a presuntos nuevos defectos, o a omisiones existentes desde el escrito inicial, el solicitante puede, alternativa o complementariamente, presentar queja ante el superior, o corregir sus documentos conforme a las nuevas indicaciones del funcionario.

Artículo 127.- Régimen de fedatarios

Cuando se establezcan requisitos de autenticación de documentos el administrado podrá acudir al régimen de fedatarios que se describe a continuación:

1. Cada entidad designa fedatarios institucionales adscritos a sus unidades de recepción documental, en número proporcional a sus necesidades de atención, quienes, sin exclusión de sus labores ordinarias, brindan gratuitamente sus servicios a los administrados.

2. El fedatario tiene como labor personalísima, comprobar y autenticar, previo cotejo entre el original que exhibe el administrado y la copia presentada, la fidelidad del contenido de esta última para su empleo en los procedimientos de la entidad, cuando en la actuación administrativa sea exigida la agregación de los documentos o el administrado desee agregados como prueba. También pueden, a pedido de los administrados, certificar firmas previa verificación de la identidad del suscriptor, para las actuaciones administrativas concretas en que sea necesario.

3. En caso de complejidad derivada del cúmulo o de la naturaleza de los documentos a autenticar, la oficina de trámite documentario consulta al administrado la posibilidad de retener los originales, para lo cual se expedirá una constancia de retención de los documentos al administrado, por el término máximo de dos días hábiles, para certificar las correspondientes reproducciones. Cumplido éste, devuelve al administrado los originales mencionados.
4. La entidad puede requerir en cualquier estado del procedimiento la exhibición del original presentado para la autenticación por el fedatario.

Artículo 128.- Potestad administrativa para autenticar actos propios

La facultad para realizar autenticaciones atribuidas a los fedatarios no afecta la potestad administrativa de las autoridades para dar fe de la autenticidad de los documentos que ellos mismos hayan emitido.

Artículo 129.- Ratificación de firma y del contenido de escrito

129.1. En caso de duda sobre la autenticidad de la firma del administrado o falta de claridad sobre los extremos de su petición, como primera actuación, la autoridad puede notificarlo para que dentro de un plazo prudencial ratifique la firma o aclare el contenido del escrito, sin perjuicio de la continuación del procedimiento.

129.2. La ratificación puede hacerla el administrado por escrito o apersonándose a la entidad, en cuyo caso se levantará el acta respectiva, que es agregada al expediente.

129.3. Procede la mejora de la solicitud por parte del administrado, en los casos a que se refiere este artículo.

Artículo 130.- Presentación de escritos ante organismos incompetentes

130.1. Cuando sea ingresada una solicitud que se estima competencia de otra entidad, la entidad receptora debe remitirla, en el término de la distancia, a aquélla que considere competente, comunicando dicha decisión al administrado. En este caso, el cómputo del plazo para resolver se iniciará en la fecha que la entidad competente recibe la solicitud. (*)
130.2. Si la entidad aprecia su incompetencia pero no reúne certeza acerca de la entidad competente, notificará dicha situación al administrado para que adopte la decisión más conveniente a su derecho.

(*) Numeral modificado por D. Leg. N º 1029 del 24.06.2008

CAPÍTULO IV
Plazos y Términos

Artículo 131.- Obligatoriedad de plazos y términos

131.1. Los plazos y términos son entendidos como máximos, se computan independientemente de cualquier formalidad, y obligan por igual a la administración y a los administrados, sin necesidad de apremio, en aquello que respectivamente les concierna.
131.2. Toda autoridad debe cumplir con los términos y plazos a su cargo, así como supervisar que los subalternos cumplan con los propios de su nivel.
131.3. Es derecho de los administrados exigir el cumplimiento de los plazos y términos establecidos para cada actuación o servicio.

Artículo 132.- Plazos máximos para realizar actos procedimentales

A falta de plazo establecido por ley expresa, las actuaciones deben producirse dentro de los siguientes:
1. Para recepción y derivación de un escrito a la unidad competente: dentro del mismo día de su presentación.
2. Para actos de mero trámite y decidir peticiones de ese carácter: en tres días.
3. Para emisión de dictámenes, peritajes, informes y similares: dentro de siete días después de solicitados; pudiendo ser prorrogado a tres días más si la diligencia requiere el traslado fuera de su sede o la asistencia de terceros.
4. Para actos de cargo del administrado requeridos por la autoridad, como entrega de información, respuesta a las cuestiones sobre las cuales deban pronunciarse: dentro de los diez días de solicitados.

Artículo 133.- Inicio de cómputo

133.1. El plazo expresado en días es contado a partir del día hábil siguiente de aquel en que se practique la notificación o la publicación del acto, salvo que éste señale una fecha posterior, o que sea necesario efectuar publicaciones sucesivas, en cuyo caso el cómputo es iniciado a partir de la última.

133.2. El plazo expresado en meses o años es contado a partir de la notificación o de la publicación del respectivo acto, salvo que éste disponga fecha posterior.

Artículo 134.- Transcurso del plazo

134.1. Cuando el plazo es señalado por días, se entenderá por hábiles consecutivos, excluyendo del cómputo aquellos no laborables del servicio, y los feriados no laborables de orden nacional o regional.

134.2. Cuando el último día del plazo o la fecha determinada es inhábil o por cualquier otra circunstancia la atención al público ese día no funcione durante el horario normal, son entendidos prorrogados al primer día hábil siguiente.

134.3. Cuando el plazo es fijado en meses o años, es contado de fecha a fecha, concluyendo el día igual al del mes o año que inició, completando el número de meses o años fijados para el lapso. Si en el mes de vencimiento no hubiere día igual a aquel en que comenzó el cómputo, es entendido que el plazo expira el primer día hábil del siguiente mes calendario.

Artículo 135.- Término de la distancia

135.1. Al cómputo de los plazos establecidos en el procedimiento administrativo, se agrega el término de la distancia previsto entre el lugar de domicilio del administrado dentro del territorio nacional y el lugar de la unidad de recepción más cercana a aquél facultado para llevar a cabo la respectiva actuación.

35.2. El cuadro de términos de la distancia es aprobado por la autoridad competente.

Artículo 136.- Plazos improrrogables

136.1. Los plazos fijados por norma expresa son improrrogables, salvo disposición habilitante en contrario.

136.2. La autoridad competente puede otorgar prórroga a los plazos establecidos para la actuación de pruebas o para la emisión de informes o dictámenes, cuando así lo soliciten antes de su vencimiento los administrados o los funcionarios, respectivamente.

136.3. La prórroga es concedida por única vez mediante decisión expresa, siempre que el plazo no haya sido perjudicado por causa imputable a quien la solicita y siempre que aquella no afecte derechos de terceros.

Artículo 137.- Régimen para días inhábiles

137.1. El Poder Ejecutivo fija por decreto supremo, dentro del ámbito geográfico nacional u alguno particular, los días inhábiles, a efecto del cómputo de plazos administrativos.
137.2. Esta norma debe publicarse previamente y difundirse permanentemente en los ambientes de las entidades, a fin de permitir su conocimiento a los administrados.
137.3. Las entidades no pueden unilateralmente inhabilitar días, y, aun en caso de fuerza mayor que impida el normal funcionamiento de sus servicios, debe garantizar el mantenimiento del servicio de su unidad de recepción documental.

Artículo 138.- Régimen de las horas hábiles

El horario de atención de las entidades para la realización de cualquier actuación se rige por las siguientes reglas:

1. Son horas hábiles las correspondientes al horario fijado para el funcionamiento de la entidad, sin que en ningún caso la atención a los usuarios pueda ser inferior a ocho horas diarias consecutivas.
2. El horario de atención diario es establecido por cada entidad cumpliendo un período no coincidente con la jornada laboral ordinaria, para favorecer el cumplimiento de las obligaciones y actuaciones de la ciudadanía. Para el efecto, distribuye su personal en turnos, cumpliendo jornadas no mayores de ocho horas diarias.
3. El horario de atención es continuado para brindar sus servicios a todos los asuntos de su competencia, sin fraccionarlo para atender algunos en determinados días u horas, ni afectar su desarrollo por razones personales.
4. El horario de atención concluye con la prestación del servicio a la última persona compareciente dentro del horario hábil.
5. Los actos de naturaleza continua iniciados en hora hábil son concluidos sin afectar su

validez después del horario de atención, salvo que el administrado consienta en diferirlos.
6. En cada servicio rige la hora seguida por la entidad; en caso de duda o a falta de aquella, debe verificarse en el acto, si fuere posible, la hora oficial, que prevalecerá.

Artículo 139.- Cómputo de días calendario

139.1. Tratándose del plazo para el cumplimiento de actos procedimentales internos a cargo de las entidades, la norma legal puede establecer que su cómputo sea en días calendario, o que el término expire con la conclusión del último día aun cuando fuera inhábil.

139.2. Cuando una ley señale que el cómputo del plazo para un acto procedimental a cargo del administrado sea en días calendario, esta circunstancia le es advertida expresamente en la notificación.

Artículo 140.- Efectos del vencimiento del plazo

140.1. El plazo vence el último momento del día hábil fijado, o anticipadamente, si antes de esa fecha son cumplidas las actuaciones para las que fuera establecido.

140.2. Al vencimiento de un plazo improrrogable para realizar una actuación o ejercer una facultad procesal, previo apercibimiento, la entidad declara decaído el derecho al correspondiente acto, notificando la decisión.

140.3. El vencimiento del plazo para cumplir un acto a cargo de la Administración, no exime de sus obligaciones establecidas atendiendo al orden público. La actuación administrativa fuera de término no queda afecta de nulidad, salvo que la ley expresamente así lo disponga por la naturaleza perentoria del plazo.

140.4. La preclusión por el vencimiento de plazos administrativos opera en procedimientos trilaterales, concurrenciales, y en aquellos que por existir dos o más administrados con intereses divergentes, deba asegurárselas tratamiento paritario.

Artículo 141.- Adelantamiento de plazos

La autoridad a cargo de la instrucción del procedimiento mediante decisión irrecurrible, puede reducir los plazos o anticipar los términos, dirigidos a la administración, atendiendo razones de oportunidad o conveniencia del caso.

Artículo 142.- Plazo máximo del procedimiento administrativo

No puede exceder de treinta días el plazo que transcurra desde que es iniciado un procedimiento administrativo de evaluación previa hasta aquel en que sea dictada la resolución respectiva, salvo que la ley establezca trámites cuyo cumplimiento requiera una duración mayor.

Artículo 143.- Responsabilidad por incumplimiento de plazos

143.1. El incumplimiento injustificado de los plazos previstos para las actuaciones de las entidades genera responsabilidad disciplinaria para la autoridad obligada, sin perjuicio de la responsabilidad civil por los daños y perjuicios que pudiera haber ocasionado.

143.2. También alcanza solidariamente la responsabilidad al superior jerárquico, por omisión en la supervisión, si el incumplimiento fuera reiterativo o sistemático.

CAPÍTULO V
Ordenación del Procedimiento

Artículo 144.- Unidad de vista

Los procedimientos administrativos se desarrollan de oficio, de modo sencillo y eficaz sin reconocer formas determinadas, fases procesales, momentos procedimentales rígidos para realizar determinadas actuaciones o responder a precedencia entre ellas, salvo disposición expresa en contrario de la ley en procedimientos especiales.

Artículo 145.- Impulso del procedimiento

La autoridad competente, aun sin pedido de parte, debe promover toda actuación que fuese necesaria para su tramitación, superar cualquier obstáculo que se oponga a regular tramitación del procedimiento; determinar la norma aplicable al caso aun cuando no haya sido invocada o fuere errónea la cita legal; así como evitar el entorpecimiento o demora a causa de diligencias innecesarias o meramente formales, adoptando las medidas oportunas para eliminar cualquier irregularidad producida.

Artículo 146.- Medidas cautelares

146.1. Iniciado el procedimiento, la autoridad competente mediante decisión motivada y con elementos de juicio suficientes puede adoptar, provisoriamente bajo su responsabilidad, las medidas cautelares establecidas en esta Ley u otras disposiciones jurídicas aplicables, mediante decisión fundamentada, si hubiera posibilidad de que sin su adopción se arriesga la eficacia de la resolución a emitir.

146.2. Las medidas cautelares podrán ser modificadas o levantadas durante el curso del procedimiento, de oficio o a instancia de parte, en virtud de circunstancias sobrevenidas o que no pudieron ser consideradas en el momento de su adopción.

146.3. Las medidas caducan de pleno derecho cuando se emite la resolución que pone fin al procedimiento, cuando haya transcurrido el plazo fijado para su ejecución, o para la emisión de la resolución que pone fin al procedimiento.

146.4. No se podrán dictar medidas que puedan causar perjuicio de imposible reparación a los administrados.

Artículo 147.- Cuestiones distintas al asunto principal

147.1. Las cuestiones que planteen los administrados durante la tramitación del procedimiento sobre extremos distintos al asunto principal, no suspenden su avance, debiendo ser resueltas en la resolución final de la instancia, salvo disposición expresa en contrario de la ley.

147.2. Tales cuestiones, para que se sustancien conjuntamente con el principal, pueden plantearse y argumentarse antes del alegato. Transcurrido este momento, se pueden hacer valer exclusivamente en el recurso.

147.3. Cuando la ley dispone una decisión anticipada sobre las cuestiones, para efectos de su impugnación, la resolución dictada en estas condiciones se considera provisional en relación con el acto final.

147.4. Serán rechazados de plano los planteamientos distintos al asunto de fondo que a criterio del instructor no se vinculen a la validez de actos procedimentales, al debido proceso o que no sean conexos a la pretensión, sin perjuicio de que el administrado pueda plantear la cuestión al recurrir contra la resolución que concluya la instancia.

Artículo 148.- Reglas para la celeridad

Para asegurar el cumplimiento del principio de celeridad de los procedimientos, se observan las siguientes reglas:

1. En el impulso y tramitación de casos de una misma naturaleza, se sigue rigurosamente el orden de ingreso, y se resuelven conforme lo vaya permitiendo su estado, dando cuenta al superior de los motivos de demora en el cumplimiento de los plazos de ley, que no puedan ser removidos de oficio.
2. En una sola decisión se dispondrá el cumplimiento de todos los trámites necesarios que por su naturaleza corresponda, siempre y cuando no se encuentren entre sí sucesivamente subordinados en su cumplimiento, y se concentrarán en un mismo acto todas las diligencias y actuaciones de pruebas posibles, procurando que el desarrollo del procedimiento se realice en el menor número de actos procesales.
3. Al solicitar trámites a ser efectuados por otras autoridades o los administrados, debe consignarse con fecha cierta el término final para su cumplimiento, así como el apercibimiento, de estar previsto en la normativa.
4. En ningún caso podrá afectarse la tramitación de los expedientes o la atención del servicio por la ausencia, ocasional o no, de cualquier autoridad. Las autoridades que por razones de licencia, vacaciones u otros motivos temporales o permanentes se alejen de su centro de trabajo, entregarán a quien lo sustituya o al superior jerárquico, los documentos y expedientes a su cargo, con conocimiento de los administrados.
5. Cuando sea idéntica la motivación de varias resoluciones, se podrán usar medios de producción en serie, siempre que no lesione las garantías jurídicas de los administrados; sin embargo, se considerará cada uno como acto independiente.
6. La autoridad competente, para impulsar el procedimiento, puede encomendar a algún subordinado inmediato la realización de diligencias específicas de impulso, o solicitar la colaboración de otra autoridad para su realización. En los órganos colegiados, dicha acción debe recaer en uno de sus miembros.

7. En ningún caso la autoridad podrá alegar deficiencias del administrado no advertidas a la presentación de la solicitud, como fundamento para denegar su pretensión.

Artículo 149.- Acumulación de procedimientos

La autoridad responsable de la instrucción, por propia iniciativa o a instancia de los administrados, dispone mediante resolución irrecurrible la acumulación de los procedimientos en trámite que guarden conexión.

Artículo 150.- Regla de expediente único

150.1. Sólo puede organizarse un expediente para la solución de un mismo caso, para mantener reunidas todas las actuaciones para resolver.
150.2. Cuando se trate de solicitud referida a una sola pretensión, se tramitará un único expediente e intervendrá y resolverá una autoridad, que recabará de los órganos o demás autoridades los informes, autorizaciones y acuerdos que sean necesarios, sin prejuicio del derecho de los administrados a instar por sí mismos los trámites pertinentes y a aportar los documentos pertinentes.

Artículo 151.- Información documental

Los documentos, actas, formularios y expedientes administrativos, se uniforman en su presentación para que cada especie o tipo de los mismos reúnan características iguales.

Artículo 152.- Presentación externa de expedientes

152.1. Los expedientes son compaginados siguiendo el orden regular de los documentos que lo integran, formando cuerpos correlativos que no excedan de doscientos folios, salvo cuando tal límite obligara a dividir escritos o documentos que constituyan un solo texto, en cuyo caso se mantendrá su unidad.

152.2. Todas las actuaciones deben foliarse, manteniéndose así durante su tramitación. Los expedientes que se incorporan a otros no continúan su foliatura, dejándose constancia de su agregación y su cantidad de fojas.

Artículo 153.- Intangibilidad del expediente

153.1. El contenido del expediente es intangible, no pudiendo introducirse enmendaduras, alteraciones, entrelineados ni agregados en los documentos, una vez que hayan sido firmados por la autoridad competente. De ser necesarias, deberá dejarse constancia expresa y detallada de las modificaciones introducidas.

153.2. Los desgloses pueden solicitarse verbalmente y son otorgados bajo constancia del instructor y del solicitante, indicando fecha y folios, dejando una copia autenticada en el lugar correspondiente, con la foliatura respectiva.

153.3. Las entidades podrán emplear tecnología de microformas y medios informáticos para el archivo y tramitación de expedientes, previendo las seguridades, inalterabilidad e integridad de su contenido, de conformidad con la normatividad de la materia.

153.4. Si un expediente se extraviara, la administración tiene la obligación, bajo responsabilidad de reconstruir el mismo, independientemente de la solicitud del interesado, para tal efecto se aplicarán, en lo que le fuera aplicable, las reglas contenidas en el Artículo 140 del Código Procesal Civil.

Artículo 154.- Empleo de formularios

154.1. Las entidades disponen el empleo de formularios de libre reproducción y distribución gratuita, mediante los cuales los administrados, o algún servidor a su pedido, completando datos o marcando alternativas planteadas proporcionan la información usual que se estima suficiente, sin necesidad de otro documento de presentación. Particularmente se emplea cuando los administrados deban suministrar información para cumplir exigencias legales y en los procedimientos de aprobación automática.

154.2. También son utilizados cuando las autoridades deben resolver una serie numerosa de expedientes homogéneos, así como para las actuaciones y resoluciones recurrentes, que sean autorizadas previamente.

Artículo 155.- Modelos de escritos recurrentes

155.1. A título informativo, las entidades ponen a disposición de los administrados modelos de los escritos de empleo más recurrente en sus servicios.

155.2. En ningún caso se considera obligatoria la sujeción a estos modelos, ni su empleo puede ocasionar consecuencias adversas para quien los utilice.

Artículo 156.- Elaboración de actas

Las declaraciones de los administrados, testigos, peritos y las inspecciones serán documentadas en un acta, cuya elaboración seguirá las siguientes reglas:

1. El acta indica el lugar, fecha, nombres de los partícipes, objeto de la actuación y otras circunstancias relevantes, debiendo ser formulada, leída y firmada inmediatamente después de la actuación, por los declarantes, la autoridad administrativa y por los partícipes que quisieran hacer constar su manifestación.
2. Cuando las declaraciones o actuaciones fueren grabadas, por consenso entre la autoridad y los administrados, el acta puede ser concluida dentro del quinto día del acto, o de ser el caso, antes de la decisión final.

Artículo 157.- Medidas de seguridad documental

Las entidades aplicarán las siguientes medidas de seguridad documental:
1. Establecer un sistema único de identificación de todos los escritos y documentos ingresados a ella, que comprenda la numeración progresiva y la fecha, así como guardará una numeración invariable para cada expediente, que será conservada a través de todas las actuaciones sucesivas, cualquiera fueran los órganos o autoridades del organismo que interviene.
2. Guardar las constancias de notificación, publicación o entrega de información sobre los actos, acuse de recibo y todos los documentos necesarios para acreditar la realización de las diligencias, con la certificación del instructor sobre su debido cumplimiento.
3. En la carátula debe consignarse el órgano y el nombre de la autoridad, con la responsabilidad encargada del trámite y la fecha del término final para la atención del expediente.
4. En ningún caso se hará un doble o falso expediente.

Artículo 158.- Queja por defectos de tramitación

158.1. En cualquier momento, los administrados pueden formular queja contra los defectos de tramitación y, en especial, los que supongan paralización, infracción de los plazos establecidos legalmente, incumplimiento de los deberes funcionales u omisión de trámites que deben ser subsanados antes de la resolución definitiva del asunto en la instancia respectiva.
158.2. La queja se presenta ante el superior jerárquico de la autoridad que tramita el procedimiento, citándose el deber infringido y la norma que lo exige. La autoridad superior resuelve la queja dentro de los tres días siguientes, previo traslado al quejado, a fin de que pueda presentar el informe que estime

conveniente al día siguiente de solicitado.

158.3. En ningún caso se suspenderá la tramitación del procedimiento en que se haya presentado queja, y la resolución será irrecurrible.

158.4. La autoridad que conoce de la queja puede disponer motivadamente que otro funcionario de similar jerarquía al quejado, asuma el conocimiento del asunto.

158.5. En caso de declararse fundada la queja, se dictarán las medidas correctivas pertinentes respecto del procedimiento, y en la misma resolución se dispondrá el inicio de las actuaciones necesarias para sancionar al responsable.

CAPÍTULO VI
Instrucción del Procedimiento

Artículo 159.- Actos de instrucción

159.1. Los actos de instrucción necesarios para la determinación, conocimiento y comprobación de los datos en virtud de los cuales deba pronunciarse la resolución, serán realizados de oficio por la autoridad a cuyo cargo se tramita el procedimiento de evaluación previa, sin perjuicio del derecho de los administrados a proponer actuaciones probatorias.

159.2. Queda prohibido realizar como actos de instrucción la solicitud rutinaria de informes previos, requerimientos de visaciones o cualquier otro acto que no aporte valor objetivo a lo actuado en el caso concreto, según su naturaleza.

Artículo 160.- Acceso a la información del expediente

160.1. Los administrados, sus representantes o su abogado, tienen derecho de acceso al expediente en cualquier momento de su trámite, así como a sus documentos, antecedentes, estudios, informes y dictámenes, obtener certificaciones de su estado y recabar copias de las piezas que contiene, previo pago del costo de las mismas. Sólo se exceptúan aquellas actuaciones, diligencias, informes o dictámenes que contienen información cuyo conocimiento pueda afectar su derecho a la intimidad personal o familiar y las que expresamente se excluyan por ley o por razones de seguridad nacional de acuerdo a lo establecido en el inciso 5) del Artículo 20 de la Constitución Política. Adicionalmente se exceptúan las materias protegidas por el secreto bancario, tributario, comercial e industrial, así como todos aquellos documentos que impliquen un pronunciamiento previo por parte de la autoridad competente.

160.2. El pedido de acceso podrá hacerse verbalmente y se concede de inmediato, sin necesidad de resolución expresa, en la oficina en que se encuentre el expediente, aunque no sea la unidad de recepción documental.

Artículo 161.- Alegaciones

161.1. Los administrados pueden en cualquier momento del procedimiento, formular alegaciones, aportar los documentos u otros elementos de juicio, los que serán analizados por la autoridad, al resolver.

161.2. En los procedimientos administrativos sancionadores, o en caso de actos de gravamen para el administrado, se dicta resolución sólo habiéndole otorgado un plazo perentorio no menor de cinco días para presentar sus alegatos o las correspondientes pruebas de descargo.

Artículo 162.- Carga de la prueba

162.1. La carga de la prueba se rige por el principio de impulso de oficio establecido en la presente Ley.

162.2. Corresponde a los administrados aportar pruebas mediante la presentación de documentos e informes, proponer pericias, testimonios, inspecciones y demás diligencias permitidas, o aducir alegaciones.

Artículo 163.- Actuación probatoria

163.1. Cuando la administración no tenga por ciertos los hechos alegados por los administrados o la naturaleza del procedimiento lo exija, la entidad dispone la actuación de prueba, siguiendo el criterio de concentración procesal, fijando un período que para el efecto no será menor de tres días ni mayor de quince, contados a partir de su planteamiento. Sólo podrá rechazar motivadamente los medios de prueba propuestos por el administrado, cuando no guarden relación con el fondo del asunto, sean improcedentes o innecesarios.

163.2. La autoridad administrativa notifica a los administrados, con anticipación no menor de tres días, la actuación de prueba, indicando el lugar, fecha y hora.

163.3. Las pruebas sobrevinientes pueden presentarse siempre que no se haya emitido resolución definitiva.

Artículo 164.- Omisión de actuación probatoria

Las entidades podrán prescindir de actuación de pruebas cuando decidan exclusivamente en base a los hechos planteados por las partes, si los tienen por ciertos y congruentes para su resolución.

Artículo 165.- Hechos no sujetos a actuación probatoria

No será actuada prueba respecto a hechos públicos o notorios, respecto a hechos alegados por las partes cuya prueba consta en los archivos de la entidad, sobre los que se haya comprobado con ocasión del ejercicio de sus funciones, o sujetos a la presunción de veracidad, sin perjuicio de su fiscalización posterior.

Artículo 166.- Medios de prueba

Los hechos invocados o que fueren conducentes para decidir un procedimiento podrán ser objeto de todos los medios de prueba necesarios, salvo aquellos prohibidos por disposición expresa. En particular, en el procedimiento administrativo procede:
1. Recabar antecedentes y documentos.
2. Solicitar informes y dictámenes de cualquier tipo.
3. Conceder audiencia a los administrados, interrogar testigos y peritos, o recabar de los mismos declaraciones por escrito.
4. Consultar documentos y actas.
5. Practicar inspecciones oculares.

Artículo 167.- Solicitud de documentos a otras autoridades

167.1. La autoridad administrativa a la que corresponde la tramitación del asunto recabará de las autoridades directamente competentes los documentos preexistentes o antecedentes que estime conveniente para la resolución del asunto, sin suspender la tramitación del expediente.

167.2. Cuando la solicitud sea formulada por el administrado al instructor, deberá indicar la entidad donde obre la documentación y, si fuera de un expediente administrativo obrante en otra entidad, deberá acreditar indubitablemente su existencia.

Artículo 168.- Presentación de documentos entre autoridades

168.1. Los documentos y antecedentes a que se refiere el artículo anterior deben ser remitidos directamente por quien es requerido dentro del plazo máximo de tres días, si se solicitaren dentro de la misma entidad, y de cinco, en los demás casos.

168.2. Si la autoridad requerida considerase necesario un plazo mayor, lo manifestará inmediatamente al requirente, con indicación del plazo que estime necesario, el cual no podrá exceder de diez días.

Artículo 169.- Solicitud de pruebas a los administrados

169.1. La autoridad puede exigir a los administrados la comunicación de informaciones, la presentación de documentos o bienes, el sometimiento a inspecciones de sus bienes, así como su colaboración para la práctica de otros medios de prueba. Para el efecto se cursa el requerimiento mencionando la fecha, plazo, forma y condiciones para su cumplimiento.

169.2. Será legítimo el rechazo a la exigencia prevista en el párrafo anterior, cuando la sujeción implique: la violación al secreto profesional, una revelación prohibida por la ley, suponga directamente la revelación de hechos perseguibles practicados por el administrado, o afecte los derechos constitucionales. En ningún caso esta excepción ampara el falseamiento de los hechos o de la realidad.

169.3. El acogimiento a esta excepción será libremente apreciada por la autoridad conforme a las circunstancias del caso, sin que ello dispense al órgano administrativo de la búsqueda de los hechos ni de dictar la correspondiente resolución.

Artículo 170.- Normativa supletoria

En lo no previsto en este apartado la prueba documental se regirá por los artículos 40 y 41 de la presente Ley.

Artículo 171.- Presunción de la calidad de los informes

171.1. Los informes administrativos pueden ser obligatorios o facultativos y vinculantes o no vinculantes.

171.2. Los dictámenes e informes se presumirán facultativos y no vinculantes, con las excepciones de ley.

Artículo 172.- Petición de informes

172.1. Las entidades sólo solicitan informes que sean preceptivos en la legislación o aquellos que juzguen absolutamente indispensables para el esclarecimiento de la cuestión a resolver. La solicitud debe indicar con precisión y claridad las cuestiones sobre las que se estime necesario su pronunciamiento.

172.2. La solicitud de informes o dictámenes legales es reservada exclusivamente para asuntos en que el fundamento jurídico de la pretensión sea razonablemente discutible, o los hechos sean controvertidos jurídicamente, y que tal situación no pueda ser dilucidada por el propio instructor.

172.3. El informante, dentro de los dos días de recibida, podrá devolver sin informe todo expediente en el que el pedido incumpla los párrafos anteriores, o cuando se aprecie que sólo se requiere confirmación de otros informes o de decisiones ya adoptadas.

Artículo 173.- Presentación de informes

173.1. Toda autoridad, cuando formule informes o proyectos de resoluciones fundamenta su opinión en forma sucinta y establece conclusiones expresas y claras sobre todas las cuestiones planteadas en la solicitud, y recomienda concretamente los cursos de acción a seguir, cuando estos correspondan, suscribiéndolos con su firma habitual, consignando su nombre, apellido y cargo.

173.2. El informe o dictamen no incorpora a su texto el extracto de las actuaciones anteriores ni reitera datos que obren en expediente, pero referirá por su folio todo antecedente que permita ilustrar para su mejor resolución.

Artículo 174.- Omisión de informe

174.1. De no recibirse el informe en el término señalado, la autoridad podrá alternativamente, según las circunstancias del caso y relación administrativa con el informante: prescindir del informe o citar al informante para que en fecha única y en una sesión, a la cual puede asistir el administrado, presente su parecer verbalmente, de la cual se elaborará acta que se adjuntará al expediente, sin perjuicio de la responsabilidad en que incurra el funcionario culpable de la demora.

174.2. La Ley puede establecer expresamente en procedimientos iniciados por los administrados que de no recibirse informes vinculantes en el plazo legal, se entienda que no existe objeción técnica o legal al planteamiento sometido a su parecer.

174.3. El informe presentado extemporáneamente puede ser considerado en la correspondiente resolución.

Artículo 175.- Testigos

175.1. El proponente de la prueba de testigos tiene la carga de la comparecencia de los mismos en el lugar, fecha y hora fijados. Si el testigo no concurriera sin justa causa, se prescindirá de su testimonio.

175.2. La administración puede interrogar libremente a los testigos y, en caso de declaraciones contradictorias, podrá disponer careos, aun con los administrados.

Artículo 176.- Peritaje

176.1. Los administrados pueden proponer la designación de peritos a su costa, debiendo en el mismo momento indicar los aspectos técnicos sobre los que estos deben pronunciarse.

176.2. La administración se abstendrá de contratar peritos por su parte, debiendo solicitar informes técnicos de cualquier tipo a su personal o a las entidades técnicas aptas para dicho fin, preferentemente entre las facultades de las universidades públicas.

Artículo 177.- Actuación probatoria de autoridades públicas

Las autoridades de entidades no prestan confesión, salvo en procedimientos internos de la administración; sin perjuicio de ser susceptibles de aportar elementos probatorios en calidad de testigos, informantes o peritos, si fuere el caso.

Artículo 178.- Gastos de actuaciones probatorias

En el caso de que la actuación de pruebas propuestas por el administrado importe la realización de gastos que no deba soportar racionalmente la entidad, ésta podrá exigir el depósito anticipado de tales costos, con cargo a la liquidación final que el instructor practicará documentadamente al administrado, una vez realizada la probanza.

Artículo 179.- Actuaciones probatorias que afecten a terceros

Los terceros tienen el deber de colaborar para la prueba de los hechos con respeto de sus derechos constitucionales.

Artículo 180.- Proyecto de resolución

Cuando fueren distintos la autoridad instructora de la competente para resolver, la instructora prepara un informe final en el cual recogerá los aspectos más relevantes del acto que lo promovió, así como un resumen del contenido de la instrucción, análisis de la prueba instruida, y formulará en su concordancia un proyecto de resolución.

CAPÍTULO VII
Participación de los administrados

Artículo 181.- Administración abierta

Además de los medios de acceso a la participación en los asuntos públicos establecidos por otras normas, en la instrucción de los procedimientos administrativos las entidades se rigen por las disposiciones de este Capítulo sobre la audiencia a los administrados y el período de información pública.

Artículo 182.- Audiencia pública

182.1. Las normas administrativas prevén la convocatoria a una audiencia pública, como formalidad esencial para la participación efectiva de terceros, cuando el acto al que conduzca el procedimiento administrativo sea susceptible de afectar derechos o intereses cuya titularidad corresponda a personas indeterminadas, tales como en materia medio ambiental, ahorro público, valores culturales, históricos, derechos del consumidor, planeamiento urbano y zonificación; o cuando el pronunciamiento sobre autorizaciones, licencias o permisos que el acto habilite incida directamente sobre servicios públicos.

182.2. En la audiencia pública cualquier tercero, sin necesidad de acreditar legitimación especial está habilitado para presentar información verificada, para requerir el análisis de nuevas pruebas, así como expresar su opinión sobre las cuestiones que constituyan el objeto del procedimiento o sobre la evidencia actuada. No procede formular interpelaciones a la autoridad en la audiencia.

182.3. La omisión de realización de la audiencia pública acarrea la nulidad del acto administrativo final que se dicte.

182.4. El vencimiento del plazo previsto en el artículo 142 de esta Ley, sin que se haya llevado a cabo la audiencia pública, determina la operatividad del silencio administrativo negativo, sin perjuicio de la responsabilidad de las autoridades obligadas a su convocatoria.

Artículo 183.- Convocatoria a audiencia pública

La convocatoria a audiencia pública debe publicarse en el Diario Oficial o en uno de los medios de comunicación de mayor difusión local, según la naturaleza del asunto, con una anticipación no menor de tres (3) días a su realización, debiendo indicar: la autoridad convocante, su objeto, el día, lugar y hora de realización, los plazos para inscripción de participantes, el domicilio y teléfono de la entidad convocante, dónde se puede realizar la inscripción, se puede acceder a mayor información del asunto, o presentar alegatos, impugnaciones y opiniones.

Artículo 184.- Desarrollo y efectos de la audiencia pública

184.1. La comparecencia a la audiencia no otorga, por sí misma, la condición de participante en el procedimiento.

184.2. La no asistencia a la audiencia no impide a los legitimados en el procedimiento como interesados, a presentar alegatos, o recursos contra la resolución.

184.3. Las informaciones y opiniones manifestadas durante la audiencia pública, son registradas sin generar debate, y poseen carácter consultivo y no vinculante para la entidad.

184.4. La autoridad instructora debe explicitar, en los fundamentos de su decisión, de qué manera ha tomado en cuenta las opiniones de la ciudadanía y, en su caso, las razones para su desestimación.

Artículo 185.- Período de información pública

185.1. Cuando sea materia de decisión de la autoridad, cualquier aspecto de interés general distinto a los previstos en el artículo anterior donde se aprecie objetivamente que la participación de terceros no determinados pueda coadyuvar a la comprobación de cualquier estado, información o de alguna exigencia legal no evidenciada en el expediente por la autoridad, el instructor abre un período no menor de tres ni mayor de cinco días hábiles para recibir -por los medios más amplios posibles- sus manifestaciones sobre el asunto, antes de resolver el procedimiento.

185.2. El período de información pública corresponde ser convocado particularmente antes de aprobar normas administrativas que afecten derechos e intereses ciudadanos, o para resolver acerca del otorgamiento de licencias o autorizaciones para ejercer actividades de interés general, y para designar funcionarios en cargos principales de las entidades, o incluso tratándose de cualquier cargo cuando se exija como condición expresa poseer conducta intachable o cualquier circunstancia análoga.

185.3. La convocatoria, desarrollo y consecuencias del período de información pública se sigue en lo no previsto en este Capítulo, en lo aplicable, por las normas de audiencia pública.

CAPÍTULO VIII
Fin del Procedimiento

Artículo 186.- Fin del procedimiento

186.1. Pondrán fin al procedimiento las resoluciones que se pronuncian sobre el fondo del asunto, el silencio administrativo positivo, el silencio administrativo negativo en el caso a que se refiere el inciso 4) del artículo 188, el desistimiento, la declaración de abandono, los acuerdos adoptados como consecuencia de conciliación o transacción extrajudicial que tengan por objeto poner fin al procedimiento y la prestación efectiva de lo pedido a conformidad del administrado en caso de petición graciable.

186.2. También pondrá fin al procedimiento la resolución que así lo declare por causas sobrevenidas que determinen la imposibilidad de continuarlo.

Artículo 187.- Contenido de la resolución

187.1. La resolución que pone fin al procedimiento cumplirá los requisitos del acto administrativo señalados en el Capítulo Primero del Título Primero de la presente Ley.

187.2. En los procedimientos iniciados a petición del interesado, la resolución será congruente con las peticiones formuladas por éste, sin que en ningún caso pueda agravar su situación inicial y sin perjuicio de la potestad de la administración de iniciar de oficio un nuevo procedimiento, si procede.

Artículo 188.- Efectos del silencio administrativo

188.1. Los procedimientos administrativos sujetos a silencio administrativo positivo quedarán automáticamente aprobados en los términos en que fueron solicitados si transcurrido el plazo establecido o máximo, al que se adicionará el plazo máximo señalado en el numeral 24.1 del artículo 24º de la presente Ley, la entidad no hubiere notificado el pronunciamiento respectivo. La declaración jurada a la que se refiere el artículo 3º de la Ley del Silencio Administrativo, Ley Nº 29060 no resulta necesaria para ejercer el derecho resultante del silencio administrativo positivo ante la misma entidad. (*)

188.2. El silencio administrativo tiene para todos los efectos el carácter de resolución que pone fin al procedimiento, sin perjuicio de la potestad de nulidad de oficio prevista en el artículo 202 de la presente Ley.

188.3. El silencio administrativo negativo tiene por efecto habilitar al administrado la interposición de los recursos administrativos y acciones judiciales pertinentes.

188.4. Aun cuando opere el silencio administrativo negativo, la administración mantiene la obligación de resolver, bajo responsabilidad, hasta que se le notifique que el asunto ha sido sometido a conocimiento de una autoridad jurisdiccional o el administrado haya hecho uso de los recursos administrativos respectivos.

188.5. El silencio administrativo negativo no inicia el cómputo de plazos ni términos para su impugnación.

188.6. En los procedimientos sancionadores, los recursos administrativos destinados a impugnar la imposición de una sanción estarán sujetos al silencio administrativo negativo. Cuando el administrado haya optado por la aplicación del silencio administrativo negativo, será de aplicación el silencio administrativo positivo en las siguientes instancias resolutivas. (*)

(*) Numeral modificado y numeral incluido por D. Leg. Nº 1029 del 24.06.2008

Artículo 189.- Desistimiento del procedimiento o de la pretensión.

189.1. El desistimiento del procedimiento importará la culminación del mismo, pero no impedirá que posteriormente vuelva a plantearse igual pretensión en otro procedimiento.

189.2. El desistimiento de la pretensión impedirá promover otro procedimiento por el mismo objeto y causa.

189.3. El desistimiento sólo afectará a quienes lo hubieren formulado.

189.4. El desistimiento podrá hacerse por cualquier medio que permita su constancia y señalando su contenido y alcance. Debe señalarse expresamente si se trata de un desistimiento de la pretensión o del procedimiento. Si no se precisa, se considera que se trata de un desistimiento del procedimiento.

189.5. El desistimiento se podrá realizar en cualquier momento antes de que se notifique la resolución final en la instancia.

189.6. La autoridad aceptará de plano el desistimiento y declarará concluido el procedimiento, salvo que, habiéndose apersonado en el mismo terceros interesados, instasen éstos su continuación en el plazo de diez días desde que fueron notificados del desistimiento.

189.7. La autoridad podrá continuar de oficio el procedimiento si del análisis de los hechos considera que podría estarse afectando intereses de terceros o la acción suscitada por la iniciación del procedimiento extrañase interés general. En ese caso, la autoridad podrá limitar los efectos del desistimiento al interesado y continuará el procedimiento.

Artículo 190.- Desistimiento de actos y recursos administrativos

190.1. El desistimiento de algún acto realizado en el procedimiento puede realizarse antes de que haya producido efectos.

190.2. Puede desistirse de un recurso administrativo antes de que se notifique la resolución final en la instancia, determinando que la resolución impugnada quede firme, salvo que otros administrados se hayan adherido al recurso, en cuyo caso sólo tendrá efecto para quien lo formuló.

Artículo 191.- Abandono en los procedimientos iniciados a solicitud del administrado

En los procedimientos iniciados a solicitud de parte, cuando el administrado incumpla algún trámite que le hubiera sido requerido que produzca su paralización por treinta días, la autoridad de oficio o a solicitud del administrado declarará el abandono del procedimiento. Dicha resolución deberá ser notificada y contra ella procederán los recursos administrativos pertinentes.

CAPÍTULO IX
Ejecución de resoluciones

Artículo 192.- Ejecutoriedad del acto administrativo

Los actos administrativos tendrán carácter ejecutario, salvo disposición legal expresa en contrario, mandato judicial o que estén sujetos a condición o plazo conforme a ley.

Artículo 193.- Pérdida de ejecutoriedad del acto administrativo

193.1. Salvo norma expresa en contrario, los actos administrativos pierden efectividad y ejecutoriedad en los siguientes casos:
  193.1.1. Por suspensión provisional conforme a ley.
  193.1.2. Cuando transcurridos cinco años de adquirido firmeza, la administración no ha iniciado los actos que le competen para ejecutarlos.
  193.1.3. Cuando se cumpla la condición resolutiva a que estaban sujetos de acuerdo a ley.
193.2. Cuando el administrado oponga al inicio de la ejecución del acto administrativo la

pérdida de su ejecutoriedad, la cuestión es resuelta de modo irrecurrible en sede administrativa por la autoridad inmediata superior, de existir, previo informe legal sobre la materia.

Artículo 194.- Ejecución forzosa

Para proceder a la ejecución forzosa de actos administrativos a través de sus propios órganos competentes, o de la Policía Nacional del Perú, la autoridad cumple las siguientes exigencias:

1. Que se trate de una obligación de dar, hacer o no hacer, establecida a favor de la entidad.
2. Que la prestación sea determinada por escrito de modo claro e íntegro.
3. Que tal obligación derive del ejercicio de una atribución de imperio de la entidad o provenga de una relación de derecho público sostenida con la entidad.
4. Que se haya requerido al administrado el cumplimiento espontáneo de la prestación, bajo apercibimiento de iniciar el medio coercitivo específicamente aplicable.
5. Que no se trate de acto administrativo que la Constitución o la ley exijan la intervención del Poder Judicial para su ejecución.
6. En el caso de procedimientos trilaterales, las resoluciones finales que ordenen medidas correctivas constituyen títulos de ejecución conforme a lo dispuesto en el artículo 713º inciso 4) del Código Procesal Civil, modificado por la Ley Nº 28494, una vez que el acto quede firme o se haya agotado la vía administrativa.

En caso de resoluciones finales que ordenen medidas correctivas, la legitimidad para obrar en los procesos civiles de ejecución corresponde a las partes involucradas. (*)

(*) Numeral incluido por D. Leg. Nº 1029 del 24.06.2008

Artículo 195.- Notificación de acto de inicio de ejecución

195.1. La decisión que autorice la ejecución administrativa será notificada a su destinatario antes de iniciarse la misma.

195.2. La autoridad puede notificar el inicio de la ejecución sucesivamente a la notificación del acto ejecutado, siempre que se facilite al administrado cumplir espontáneamente la prestación a su cargo.

Artículo 196.- Medios de ejecución forzosa

196.1. La ejecución forzosa por la entidad se efectuará respetando siempre el principio de razonabilidad, por los siguientes medios:
 a) Ejecución coactiva
 b) Ejecución subsidiaria
 c) Multa coercitiva
 d) Compulsión sobre las personas

196.2. Si fueran varios los medios de ejecución aplicables, se elegirá el menos restrictivo de la libertad individual.

196.3. Si fuese necesario ingresar al domicilio o a la propiedad del afectado, deberá seguirse lo previsto por el inciso 9) del Artículo 20 de la Constitución Política del Perú.

Artículo 197.- Ejecución coactiva

Si la entidad hubiera de procurarse la ejecución de una obligación de dar, hacer o no hacer, se seguirá el procedimiento previsto en las leyes de la materia.

Artículo 198.- Ejecución subsidiaria

Habrá lugar a la ejecución subsidiaria cuando se trate de actos que por no ser personalísimos puedan ser realizados por sujeto distinto del obligado:
1. En este caso, la entidad realizará el acto, por sí o a través de las personas que determine, a costa del obligado.
2. El importe de los gastos, daños y perjuicios se exigirá conforme a lo dispuesto en el artículo anterior.
3. Dicho importe podrá liquidarse de forma provisional y realizarse antes de la ejecución, o reservarse a la liquidación definitiva.

Artículo 199.- Multa coercitiva

199.1. Cuando así lo autoricen las leyes, y en la forma y cuantía que éstas determinen, la entidad puede, para la ejecución de determinados actos, imponer multas coercitivas, reiteradas por períodos suficientes para cumplir lo ordenado, en los siguientes supuestos:
   a) Actos personalísimos en que no proceda la compulsión sobre la persona del obligado.
   b) Actos en que, procediendo la compulsión, la administración no la estimara conveniente.
   c) Actos cuya ejecución pueda el obligado encargar a otra persona.
199.2. La multa coercitiva es independiente de las sanciones que puedan imponerse con tal carácter y compatible con ellas.

Artículo 200.- Compulsión sobre las personas

Los actos administrativos que impongan una obligación personalísima de no hacer o soportar, podrán ser ejecutados por compulsión sobre las personas en los casos en que la ley expresamente lo autorice, y siempre dentro del respeto debido a su dignidad y a los derechos reconocidos en la Constitución Política.

Si los actos fueran de cumplimiento personal, y no fueran ejecutados, darán lugar al pago de los daños y perjuicios que se produjeran, los que se deberán regular judicialmente.

부록 Ⅳ. 페루 행정부처 조직도

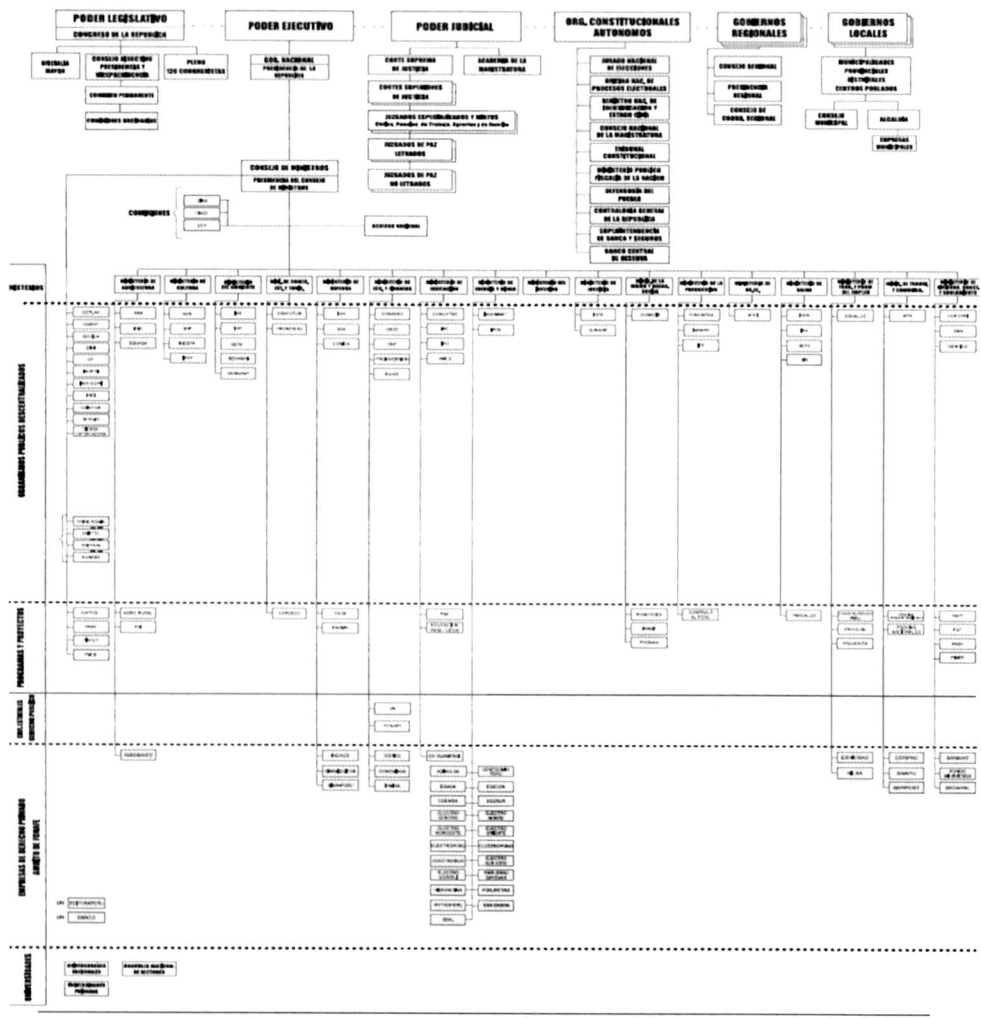

부록 V. 수출입 필요 서류 양식

페루와의 협정에 따른 원산지증명서의 서식

CERTIFICATE OF ORIGIN ORIGINAL

1. Exporter's name and address:	Certificate No.:
2. Producer's name and address:	**CERTIFICATE OF ORIGIN** **Form for Korea-Peru FTA**
3. Consignee's name and address:	Issued in _____ (see Overleaf Instruction)

4. Means of transport and route (as far as known): Departure Date: Vessel/Flight/Train/Vehicle No.: Port of loading: Port of discharge:	5. Remarks:

6. Item number (Max 20)	7. Number and kind of packages; description of goods	8. HS code (Six digit code)	9. Origin criterion	10. Gross weight, quantity (Quantity Unit) or other measures (liters, m³, etc.)	11. Number and date of invoice

12 Declaration by the exporter: The undersigned hereby declares that the above details and statement are correct, that all the goods were produced in (Country) and that they comply with the origin requirements specified in the FTA for the goods exported to (Importing country) Place and date, signature of authorized signatory (장소 및 날짜, 권한있는 서명권자의 서명)	13 Certification: On the basis of control carried out, it is hereby certified that the information herein is correct and that the goods described comply with the origin requirements specified in the Korea-Peru FTA Place and date, signature and stamp of authorized body (장소 및 날짜, 수임기관의 서명 및 소인)

210mm×297mm[보존용지(1종) 70g/m²)]

주: 신설 2011. 7. 29

작 성 방 법

※ **이 서식은 영문으로 작성합니다.**

증명서 번호: 수입기관이 부여한 원산지증명서의 일련번호를 적습니다.
1. 제1란에는 수출자의 성명, 주소(국가를 포함한다)를 적습니다.
2. 제2란에는 생산자의 성명, 주소(국가를 포함한다)를 적습니다. 두 명 이상의 생산자로부터 만들어진 상품이 증명서에 포함되어 있는 경우에는 모든 생산자의 성명, 주소(국가를 포함한다)를 적습니다. 수출자나 생산자가 생산자의 성명, 주소를 비밀로 유지하기를 원할 경우 "AVAILABLE UPON REQUEST"(요청이 있을 경우 제공 가능)라고 적을 수 있으며, 수출자와 생산자가 동일한 경우 "SAME"(동일)이라고 적습니다.
3. 제3란에는 대한민국 또는 페루에 거주하는 수하인의 성명과 주소(국가를 포함한다)를 적습니다.
4. 제4란에는 운송 수단 및 경로, 출발 날짜, 운송수단의 번호, 선적항 및 하역항을 적습니다.
5. 제5란에는 고객 주문번호, 신용장 번호 등과 같은 추가적인 정보를 적을 수 있습니다. 비당사국 운영인이 송장을 발행하는 경우에는 비당사국 운영인의 성명을 적습니다. 페루와의 협정 제3.7조(최소허용수준)가 적용되는 경우에는 해당 내용을 적을 수 있습니다.
6. 제6란에는 물품의 일련번호를 적으며, 일련번호는 20을 초과할 수 없습니다.
7. 제7란에는 포장의 수량, 종류 및 각 상품의 정식 품명을 적습니다. 품명은 해당 상품을 검사하는 세관 공무원이 식별할 수 있고, 그 상품을 송장 품명 및 HS 품명과 연계할 수 있도록 충분히 자세하게 적습니다. 상품이 포장되지 않은 경우에는 "IN BULK"(포장되지 않음)라고 적습니다. 상품의 품명 끝에는 "***"(별 3개) 또는 "₩"(사선)을 더합니다.
8. 제8란에는 제7란에 명시된 각 상품의 HS 품목번호를 6단위까지 적습니다.
9. 제9란에는 수출자(제조자 및 생산자 포함)가 해당 물품에 대한 원산지결정기준을 아래 표에서 정한 방법으로 적습니다.

원산지결정기준	기재 문구
가) 페루와의 협정에 따라 완전생산된 물품	WO
나) 페루와의 협정에 따른 원산지결정기준에 부합하는 재료로만 생산된 물품	WP
다) 별표 10 제3호의 품목별 원산지결정기준에 명시된 세번변경 요건, 역내 부가가치 비율 요건, 공정 요건이나 그 밖의 요건에 부합하는 비원산지 재료를 사용하여 어느 한 쪽 체약당사국의 영역에서 생산된 물품	PSR[1]
라) 페루와의 협정 제3.15조(영역 원칙)를 적용받는 물품	OP

(1) 해당 물품이 역내 부가가치 비율 요건의 적용을 받는 경우 그 비율과 함께 "BD"(공제법인 경우) 또는 "BU"(집적법인 경우)를 적습니다.
10. 제10란에는 킬로그램으로 표시된 총중량을 적습니다. 관례적인 경우 정확한 수량을 표시하는 그 밖의 단위(예: 물품의 부피 또는 개수)가 사용될 수 있습니다.
11. 제11란에는 송장의 번호 및 날짜를 적습니다. 상품의 송장을 비당사국 운영인이 발행하여 상업용 송장의 번호 및 날짜를 알 수 없다면 수출 당사국에서 발급된 상업용 송장(원본)의 번호 및 날짜를 적습니다.
12. 제12란에는 수출자가 작성 및 서명하고, 날짜를 적습니다.
13. 제13란에는 권한있는 당국 또는 수임기관의 권한있는 사람이 작성 및 서명하고, 날짜를 적고, 소인을 찍습니다.

부록 Ⅵ. CALLAO 항구

□ 카야오항은 남위 12-04, 동위 77-10에 위치해 있고 카야오만에 접해 있으며, 또한 남측으로는 라 뿐따(La Punta)라는 가늘고 긴 반도가 뻗어 있고 그 끝에 San Leorenzo 섬이 위치해 있음
  ○ 이 섬에 의해 항내는 바람이 약한 정온수역이다. 또한 Callao항은 물의 흐름이 완만하고 충분한 수심으로 인해 선박의 입항이 용이하고 강우량도 적어 지리기상적으로 양호한 항의 조건을 갖추고 있음

□ 스페인이 정복 후 리마(Lima)에 부왕청을 두고 본국과의 교역은 카야오항을 거점으로 파나마지역 해협에서 환적, 혹은 남미 최남단 또는 마젤란 해협 경유 루트에 의해 해상 수송함
  ○ 이와 더불어 멕시코, 중미, 칠레와의 화물 수송, 페루연안 수송도 번성하게 되어 식민지 시대 카야오항은 남미 최대의 항으로 발전되었음

□ 1537년에는 리마(Lima)에 시의회가 구성되고 카야오항에서 화물의 수취 양도를 위해 보관창고가 설치되었으며 1544년 항만 관리 위원회, 1556년 카야오시장에, 항의 수입 담당에 임명, 각각 10인으로 형성된 5Gangs의 노동조합이 형성되고 세관 등도 설치되어 항의 체제를 정비해 갔고, 카야오항을 거점으로 교역이 번성하여 페루에서 설탕, 쌀, 소금, 신발, 면, 담배를 수입하였음

□ 칠레와의 교역은 발파라이소(Valparaiso), 콘셉시온(Concepcion), 코킴보(Coquimbo)항을 경유하여 밀, 동, 마포, 포도주, 치즈, 버터 등을 수입하고, 에콰도르는 과야킬항을 경유하여 카카오, 목재, 커피 등을 수입하고 중미 맥시코로부터는 삼, 카카오, 돗자리, 타일을 수입하였음

☐ 1615년경 Callao항의 연간 입항 척수는 약 200척에 이르렀다. 1697년 카야오항의 남서 San Leorenzo섬 부근에 있는 돌을 이용 항의 제방을 건설하여 제방에서의 하역도 행하게 되었음. 1867년 철도 인입선을 항내에 설치하고 항만 시설 설비를 충실히 구축함

☐ 카야오항은 스페인에서 신대륙으로 물자 수송의 전략 중심기지 및 군사 목적항으로 발전하였음. 이후 1821년 페루의 독립으로 페루 제일의 물류 중심항으로 발전시키기 위하여 19세기 후반부터 항만 정비를 시행하여 20세기에 들어서 1, 2, 3, 4부두를 건설함

☐ 1879년 화물 취급량 34만8,000톤에서 1911년 57만톤으로 증가, 1995년에는 901만8,000톤(페루 전체량 1,380만4,000톤의 67.3%)를 처리했음. 그 후 10년 뒤인 2005년도에도 연간 900만 톤의 화물을 처리하는데 이것은 페루의 외국무역화물의 약 70%의 수준임